MA
LOI D'AVENIR.

Imprimerie de PETIT, rue du Caire, n. 4.

MA LOI

D'AVENIR,

PAR

CLAIRE DEMAR. — 1833.

OUVRAGE POSTHUME,

PUBLIÉ PAR SUZANNE.

PARIS,

AU BUREAU DE LA TRIBUNE DES FEMMES,
rue des Juifs, n. 21,

ET CHEZ TOUS LES MARCHANDS DE NOUVEAUTÉS.

1834.

NOTICE HISTORIQUE.

J'ai reconnu dans l'écrit que je livre aujourd'hui à la publicité, assez de vérités utiles aux femmes pour assumer sur moi seule la responsabilité de cette parole si neuve, si étrange par sa hardiesse. Oui sans doute, cette femme, en formulant *sa Loi d'avenir*, a rejeté en arrière le *voile de la pudeur*. Lorsqu'elle décrit si hardiment les mille causes secrètes de désunion qui viennent à surgir entre les époux après le rapprochement intime, causes qui ne peuvent être constatées en aucune manière avant cet instant; sans doute alors *sa vérité est toute nue*, elle l'a dépouillé de sa dernière gaze. — Mais est-ce aux femmes à la blamer? ne comprendront-elles jamais qu'en dehors des exigences réelles de la *nature*, il ne peut y avoir pour nous que de fausses vertus, et que sous l'apparence de cette pudeur menteuse, il y a mille douleurs qu'il est bon au moins une fois de signaler fortement aux regards des hommes, eux qui nous croyent heureuses parce que nous savons nous taire, *ruser*, *dissimuler* constamment avec eux , et chercher dans d'autres liens, dédommagement et bonheur. Force sera donc aux hommes de nous écouter attentivement, de nous laisser tout dire, lorsqu'ils seront las d'être le jouet de nos ruses, lorsqu'ils comprendront que la dignité humaine est autant blessée chez eux que chez nous par les relations établies entre les sexes. *Qu'ils sont esclaves* autant que nous , *si nous sommes soumises à la force, ils le sont au mensonge, à la ruse,* qui les enlacent toute leur vie. —Que le mariage , lien absurde par son absolutisme qu'il nous imposent , comprime leur spontanéité autant que la nôtre , et qu'une fois ce lien consacré , nous avons autant qu'eux la possibilité d'y échapper , en usant, ainsi qu'ils le font, du système des compensations.... On se demande en frémissant où va le monde?—ce qu'il veut faire de tous ces débris du passé , en s'y attachant avec tant de force? N'est-il pas temps de s'arrêter sur cette pente ? N'est-il pas temps qu'il s'aperçoive que cette décrépitude morale menace d'anéantir dans l'humanité *tout lien , tout sentiment...*

A nous, femmes, appartient la noble tâche de régénérer le *monde moral,* osons sans crainte , *dire* et *faire* ce que nous croirons propre pour atteindre ce but.

Claire Démar , l'auteur de cette brochure , a commencé ; elle a fouillé profondément, par sa vie pratique , dans la fange du vieux monde , elle en est sortie avec dégoût , jeune encore, mais brisée par ce contact. Ainsi revenue à des sentimens sociaux , elle pouvait parler, elle avait pour se faire écouter l'autorité de l'expérience. Avant d'en finir par le suicide , violemment avec sa vie actuelle, elle a déposé dans un dernier écrit sa pensée d'avenir ; ce grand cri de liberté est le *plus fort*, le *plus énergique* qui ait été jeté au monde par une voix de femme.

Que maintenant, si le monde, ayant lu cet écrit, vient à faire résonner les mots d'immoralité, si *mon nom*, désormais inséparable de celui de *Claire*, vient à être sali malgré la pureté de mes intentions... Qu'importe ! je suis prête, je donne toute ma *vie* au *présent*, et ma *mémoire* à *l'avenir*. — Un seul progrès d'ailleurs s'est-il accompli sur terre, sans que d'abord le *dévoûment* ne se soit offert en *holocauste* au *préjugé extirpé*. — Il y a gloire et bonheur dans le dévoûment qui rachette ses semblables...

On se rappelle que dans les premiers jours du mois d'août 1833, tous les journaux rendirent compte du double suicide de *Claire Démar* et de Perret Désessarts ; ces deux victimes de l'anarchie du siècle vinrent agoniser et mourir au milieu de nous, ne pouvant sourire à notre espoir d'avenir, ne voyant dans la roi qu'une espèce de mirage trompeur, illusion fatale, propre à égarer le pauvre voyageur sur cette terre maudite, en le forçant d'y séjourner sans but....

Voici des lettres adressées par tous deux à *Charles Lambert*, écrites pour ainsi dire sur le seuil de la vie, deux heures avant d'exécuter leur funeste résolution : ces paroles solennelles, tracées en face des préparatifs de la mort, devraient, pendant qu'il en est temps encore, faire réfléchir bien profondément les égoïstes du siècle, eux qui prétendent que tout est bien, parce que leurs mesquines passions trouvent satisfaction dans l'étroit milieu qui nous domine. — Pour nous qui sentons que , pour toutes natures fortes comme celle de *Claire* et de *Désessarts* , cet état transitoire , s'il se prolonge , peut devenir une question de vie ou de mort pour beaucoup d'autres..... Nous devons réunir nos efforts et redoubler d'ardeur pour travailler ensemble à la réalisation de *notre nouveau monde*..... afin que ce que le *vieil Occident craint* , *repousse* et *dégrade* , soit au milieu de nous *religieusement réhabilité*.

CLAIRE DÉMAR A LAMBERT.

Lambert , il est quelque chose de plus fort que les volontés individuelles , les promesses particulières; nous ne pouvons mentir ou faire défaut à cette autre volonté plus forte.

Les dernières promesses que je vous ai faites , il était dans ma volonté de les tenir; les dernières paroles que je vous ai adressées étaient sincères.... qui donc a changé tout cela? Oh ce n'est ni une parole ni une volonté d'homme! non!

Pourtant je ne pars pas seule.... avec qui? Ai-je besoin de vous le dire?

Mais si sa voix ne m'a pas entraîné , si ce n'est pas lui qui est venu me convier à cette dernière fête, du moins je n'ai pas hâté son voyage : depuis long-temps il était prêt.

Nous nous sommes rencontrés à l'entrée d'une même route, et nous nous sommes tendus la main. Voilà tout.

Une fois déjà nous avions cru que l'heure avait sonné pour l'un comme pour l'autre. Nous nous trompions; et les douleurs qui nous déchiraient l'un l'autre en étaient la preuve. Nous étions l'un pour l'autre comme deux démons luttant au bord d'un gouffre, au fond duquel l'un ne veut pas se précipiter sans y entraîner l'autre avec lui!

Nous avions des sueurs et des grincemens de dents... Aujourd'hui nous sommes comme de bons et francs amis; aujourd'hui, pour l'un comme pour l'autre, le voyage nous est léger.

Lambert, je vous l'affirme! nous sommes calmes, très-calmes. Je ne croyais pas qu'on pût être aussi tranquille.

Lorsque vous me vîtes l'autre fois j'avais la fièvre. Vous n'avez vu qu'un des périodes de cette crise étrange; l'autre est beaucoup moins effrayant.

Pour être autant qu'il est en moi fidèle à ma parole, je suis allé à Ménilmontant, je vous ai demandé.

Désessarts était avec moi : n'ayant pu voir personne, nous avons laissé une carte à madame Bazin.

Lambert, adieu. Sous quelque aspect que vous considériez cet acte, ne vous en affligez point, ne le dites point mauvais.

C'est l'instant pour un homme religieux de confesser la Providence et ses mystères.

Claire Démar.

3 août 1833.

PERRET DÉSESSARTS A LAMBERT

Lambert, à l'instant où je suis, on est sobre de paroles.

Comme pourtant il en est qui sont curieux de connaître les raisons, les causes des événemens, je crois devoir laisser à quelqu'un les moyens de satisfaire la curiosité et le raisonner.

Écoutez.

Je ne désespère ni de l'humanité, ni de ceux qui ont pris sa sainte cause dans les mains, sous quelque drapeau qu'ils marchent, à quelque voix qu'ils répondent, à quelque signe qu'ils obéissent.

De ce que je fais on pourrait tout au plus induire que je doute de moi.

J'imagine quelque chose de plus consolant que tout cela. Voici :

La fonction et le fonctionnaire s'éteignent en même temps, nous l'avons répété souvent; car l'un ne peut manquer à l'autre !

Eh bien ! moi, qui fus toujours l'homme de la lutte et de la solitude, moi qui ai toujours marché seul à l'écart, enveloppé comme d'un voile contre le regard de tous, moi, protestation vivante contre l'ordre et l'union; qu'y aurait-il d'étonnant que je me retire, peut-être à l'instant où les peuples vont s'unir d'un lien religieux, quand leurs mains vont se rapprocher pour former cette auguste chaîne; moi, qui n'y peux trouver place, qui ne saurais harmoniser mes pas aux leurs, mettre ma voix à l'unisson de leurs voix, je me retire!

Je vous le répète; à ceux qui diraient que c'est signe de mort, vous pouvez leur crier que peut-être c'est présage de vie! à ceux qui crieraient anathème à vous, ou malheur à l'humanité, dites louons Dieu, et salut à l'humanité!

LAMBERT, je ne voulais dire qu'un mot, j'ai été plus long que je ne croyais; je me suis adressé à vous parce que vous êtes des hommes du *collége*, celui en qui je me sens le plus de foi.

LAMBERT, je meurs à côté d'une femme, avec elle..... Quelles que soient les suppositions que pourraient se permettre ceux qui ne savent pas fouiller au fond du cœur humain, ou s'arrêter dans un religieux silence devant une tombe, je dois le déclarer, ce n'est pas moi qui l'ai déterminée; elle ne m'entraîne pas non plus! Nous nous sommes compris; et ayant à atteindre le même but, nous suivons la même route en nous soutenant!

Lambert, je ne doute pas de l'humanité, vous ai-je dit! je ne doute pas de la Providence non plus.... mais dans les temps où nous vivons *tout est saint*, même le suicide!..... Malheur à qui ne se découvrirait pas devant nos cadavres, car celui-là est impie!

Adieu.

3 août 1833, 10 heures du soir

Quelques jours après ce tragique événement, je rendis compte de cette double mort dans *la Tribune des Femmes*. A la fin de ce même numéro, j'ajoutais en note:

« Pour propager son sentiment individuel sur la liberté des
» femmes, *Claire Démar* fit paraître une petite brochure, re-
» marquable surtout par l'énergie du stylé et de la pensée,
» sous le titre : d'*Appel d'une femme au peuple sur l'affran-
» chissement de la femme*. Elle venait d'en terminer une se-
» conde intitulée : *Ma loi d'avenir*, lorsqu'elle prit la funeste
» résolution de mettre fin à son existence. Si les femmes se dé-
» terminent, comme dernier hommage rendu à cette tombe,
» de livrer à l'impression ce dernier écrit, l'auteur n'étant plus
» là pour défendre les opinions qu'il renferme, je m'abstien-
» drai d'en donner mon avis. »

J'ignorais alors qu'il dépendrait de ma seule volonté de mettre
au jour et de faire retentir par le monde cet audacieux cri de
liberté. Voici comment je me trouve en possession de ce
manuscrit. — Après la mort de cette infortunée, lorsque, le
charbon ne suffisant pas pour détruire cette forte existence, elle
eût attiré l'attention de son voisinage par l'explosion d'une arme
à feu qui lui fit sauter le crâne, on pénétra chez elle, et l'on
trouva sur sa table un rouleau soigneusement scellé, et sur le
dos, ces mots écrits de sa main : « Je désire que ce rou-
» leau de papier, formé de deux cahiers, ayant pour titre *Ma
» loi d'avenir*, soit remis à M. *Vinçard*, rue Beaubourg,
» Nᵒ 44, pour être lu à la famille Saint-Simonienne de Paris,
» et ensuite déposé entre les mains du *Père Enfantin*.

Claire Démar. »

Sa volonté fut religieusement exécutée, cet écrit fut lu par

Vinçard devant une assemblée nombreuse, et ensuite porté au
PÈRE par toute la famille. Quelques jours après, le PÈRE me le
fit remettre avec ces quelques mots écrits par son ami, l'ex-
cellent *Holstein*.

» Ma chère Suzanne,

» Le PÈRE me charge de vous remettre le manuscrit de
» *Claire Démar*, qui paraît être adressé plus particulièrement
» à *la Tribune des Femmes*. Il s'en rapporte à vous pour l'usage
» le plus convenable et le plus utile qui devra en être fait, tant
» pour la mémoire de *Claire Démar*, que pour la cause des
» femmes.

Tout à vous, bonne amie.

HOLSTEIN.

Ménilmontant. — Le PERE-MICHEL. — Août.

Comme dans cette lettre, aucune volonté d'homme ne
m'était imposée. — J'acceptai ce don, comptant bien ne pas
quitter la France sans faire connaître cet écrit, me réservant
de choisir le moment le plus opportun pour le mettre au jour.
C'est l'héritage d'une *femme* adressé aux *femmes*, je le crois utile
à notre cause, donc par la publicité, il doit être à *toutes*.

Lorsque la malheureuse *Claire* disparût du milieu de nous,
elle n'avait que 32 à 34 ans, elle était brune, petite, mais bien
faite, le pied et la main jolis, les traits de son visage étaient
fanés, mais agréables par leur régularité, l'expression de ses
yeux et de sa physionomie était fière, même un peu dure, en
parlant, elle s'animait de suite, alors son langage était abon-

dant, facile, mais rude et heurté. On sentait une organisation inflammable, peu tendre, mais excessivement passionnée. *Ainsi créée*, elle avait dû souffrir plus que toute autre de la *loi morale chrétienne*, cette loi contre laquelle le monde proteste si hautement par sa pratique journalière, et qui cependant sert de base pour asseoir ses jugemens.... *Inconséquence!.. pitié* de cette loi qui exalte l'*ignorance* de la *vierge*, et flétrit la *Femme*, si d'abord un texte absurde n'est pas venu sanctionner notre plus beau titre, la *maternité*. — Aussi ce qui dans les idées nouvelles impressionna le plus vivement *Claire Démar*, ce ne furent point les conceptions organiques du travail, les banques, les chemins de fer, les grands travaux d'assénissement exécutés par des armées industrielles. Toute la face politique des nouvelles théories ne fut point pour elle l'objet d'un examen sérieux; non, l'activité de son âme se porta tout entière sur la transformation de la *morale*, chercher une nouvelle conception, où les deux sexes pussent se livrer sans honte et sans dégradation à ce besoin si puissant et si naturel d'aimer, fut son unique préoccupation. — Depuis long-temps je la sollicitais d'écrire dans notre journal, ce fût même pour l'y décider que je remplaçais le titre d'*Apostolat*, etc., par celui de *Tribune des Femmes*, titre beaucoup plus large, et qui lui laissait toute latitude pour exprimer ses pensées. — Jusqu'au 17me numéro, elle avait constamment refusé, disant que le ton de ce journal était trop modéré, et que ce qu'elle avait à dire ferait reculer nos autres collaboratrices. — Lorsque ce numéro parut, il y eût, dans un article de moi, un passage qui, par sa forme, sa modération, exaspéra *Claire*. — Elle m'écrivit qu'elle allait y répondre. — Mais ainsi qu'elle le dit dans son avant-propos, sa réponse devint une brochure, elle se décida alors à la faire paraître seule, en dehors du journal.

O sans doute, je n'ai toujours attribué à notre petite feuille que la valeur d'une œuvre transitoire, c'était pour ainsi dire un pont jeté entre deux grandes idées, afin qu'il fut possible au monde chrétien d'approcher du monde réformateur. Aussi ma parole a dû se modeler sur le progrès que je sentais s'accomplir autour de moi. — On jugera, d'après cet écrit, que cette marche lente ne pouvait convenir à l'âme passionnée de *Claire* : aussi en adressant sa brochure aux dames de la *Tribune*, sa pensée était de nous forcer à lui répondre clairement ;—et certes ce que j'eusse fait alors, je le ferais bien mieux aujourd'hui que ma pensée a muri par la réflexion, aujourd'hui qu'ayant cessé nos publications périodiques, où d'autres noms s'étaient associés au mien, je ne crains plus comme alors de les compromettre, je puis parler, je réponds seule de ma parole.

—Voici au reste le fragment de l'article dont *Claire* n'a cité que quelques lignes.

« Il y a encore par le monde un homme qui interprète *aussi*
» le christianisme, mais d'une manière plus favorable pour notre
» sexe : c'est M. *James de Laurence*, l'auteur d'une brochure
» intitulée : *les Enfans de Dieu* ou *la Religion de Jésus*. L'énor-
» me différence qu'il y a entre lui et la cour de Rome consiste
» dans la *liberté morale* qu'il veut nous donner sans règle ni
» limite, ce qui, avec le mystère qu'il admet, et ne devant ren-
» dre compte de nos actes qu'à un Dieu tout mystique, nous con-

» duirait droit à un grossier et dégoûtant pêle-mêle, d'ailleurs
» ce n'est point là faire de l'association, ce n'est point reconsti-
» tuer une société qui croule de toute part.

» Avec M. de Laurence nous n'avons pas une importance
» sociale bien déterminée, mais cette liberté complète en
» amour amènerait cependant de grands résultats. Selon lui, la
» famille doit reposer sur la *maternité*; il dit, pour justifier
» son système, que la *paternité* est une *croyance*, que la *ma-*
» *ternité seule* est une *certitude*.

» Comme l'auteur n'est pas saint-simonien, mais paraît au con-
» traire tant soit peu féodal, n'admettant pas le règne de la
» capacité ni l'abolition des droits héréditaires de la naissance,
» il fait, pour être conséquent, descendre les héritages par
» les mères; assurément ce système, quoique incomplet, est
» fort avantageux pour nous; j'ai foi qu'une partie entrera
» avec une morale nouvelle et reconnue hautement dans la
» religion de l'avenir, et que le principe de la maternité de-
» viendra une des lois fondamentales de l'Etat. La société de
» l'avenir reposera, non pas sur le mystère, mais sur la con-
» fiance; car le mystère prolongerait encore l'exploitation de
» notre sexe; la publicité, la confiance devront former les bases
» de la nouvelle morale. »

Non certes ce n'est pas la *laide publicité qui existe* que je
réclamais, elle est *ignoble et dégradante* pour la femme, puisque sans cesse elle lui demande des garanties de tous ses actes;
et vraiment *Claire* a raison d'en faire une si vigoureuse et si
juste critique. Cependant moi femme de liberté et d'indépen-

dance, je sens la nécessité d'un lien général pour rallier toutes les individualités; aussi je dis établissons un principe de morale, large autant que possible, mais réglons-le si nous voulons qu'il passe sans anarchie dans la vie pratique, car la liberté absolue ne peut exister seule, attendu qu'il y a ordre hiérarchique et unité dans l'univers; nos efforts doivent donc tendre à unir pour le bonheur des sociétés ces deux principes, *liberté, autorité*, comme dans l'espace et le temps est harmonisé en Dieu, *l'unité et la multiplicité*, — pour moi la morale est la connaissance approfondie de la condition humanitaire et des devoirs qu'elle nous impose, si pour l'immense famille humaine, liée par la vie, liée par la mort, et entre ces deux extrèmes liée par ses affections, ses besoins, ses souffrances, *si cette grande solidarité est incontestable*, ce qui est le plus utile à *l'individu*, c'est *l'individu*, la plus belle morale, la seule vraie doit donc être l'amour de son semblable et l'intérêt de l'espèce entière. — Partant, respect à la liberté de *tous*, — plus d'exploitation d'un sexe par l'autre sexe, — d'un individu par un autre individu, — que ces pensées deviennent la morale publique, hautement reconnue, qu'elles s'infiltrent dans tous les cœurs par l'éducation, qu'elles en chassent tout désir égoïste d'asservir la liberté d'un autre à à son profit. Alors la société aura sa morale publique, dont la base sera *l'amour* pour *tous* et la *confiance les uns envers les autres*, ces principes admis, et surtout pratiqués, je suis loin de reprouver le mystère, je suis loin de croire qu'il puisse alors prolonger l'exploitation qui maintenant abrutit notre sexe. — Lorsqu'une éducation vraie, basée sur la connaissance exacte de la

nature aura été donnée d'une manière large à la nouvelle génération, alors on pourra sans aucune crainte d'abus, envelop-
per de mystère sa vie intime , alors les *éducatrices* appelées par
DIEU et leur cœur à cette fonction toute sacerdotale, pour ront
enseigner aux jeunes filles à ne se point *dépoétiser* en confes-
sant à tous le secret de leurs âmes,—que la *volupté* pour être
gracieuse doit être *pudique*, — que l'âme ainsi que le corps a
besoin de s'entourer des ornemens prestigieux des voiles — elles
leur diront : gardez-vous de déflorer vos sentimens en les
divulgant.—Le *mystère*, jeunes filles, c'est la *pudeur*—c'est le
plus grand charme de la femme,—c'est le tissu précieux qui
doit servir à reformer pour elle, la *ceinture de Vénus* et le
voile de Marie —Non certes, je n'ai jamais eu la pensée de détruire ou même d'affaiblir un seul avantage, une seule préroga-
tive donnée par la nature à la femme, pour établir sa puissance,
mais cette puissance divinement mystérieuse de la femme, elle
ne pourra l'exercer que dans une société où sa liberté morale
sera reconnue et son indépendance matérielle assurée; dans
une société ainsi organisée, la femme pourra suivre les élans
de sa nature sympatique sans craindre l'exploitation ou l'avilis-
sement; alors sans rencontrer d'obstacles ni se tracer de limites,
elle pourra étendre sur tous pour le plus grand bien de l'humanité, l'influence de sa grâce, de sa beauté, et de son amour;
alors elle pourra, comme l'a indiqué *Claire*, « donner simulta-
» nément satisfaction à plusieurs hommes dans leur amour,
» faire une part de bonheur et de plaisir à tous ceux qui ne
» croiraient pouvoir trouver bonheur et plaisir qu'auprès d'elle

» et par elle.» Que si les femmes chrétiennes, effrayées de cette latitude laissée aux passions, me demandent ce qui, dans la société telle que je la conçois, *sera bien* ou *sera mal?* qu'elle sera la mesure qui me fera apprécier la moralité d'un acte ? je réponds : la valeur morale d'un acte sera tout entière dans ses résultats, si l'amour de la femme n'est pas égoïste, s'il élève l'individu, s'il le rend plus juste et plus aimant, s'il soutient le faible, enthousiasme le fort, s'il récompense le courage ; en un mot, si cet amour est religieux, civilisateur : *je le déclare saint!* Lorsque l'on veut parler morale pour l'avenir, il faut savoir s'élever au-dessus des petites passions égoïstes qui s'agitent dans le présent, et prêter attentivement l'oreille à la voix du Dieu vivant; cette voix sublime n'a-t-elle pas à chaque renovation crié *pitié* sur ces hommes qui, ayant tracé sur le sable quelques lois périssables disent : voici la *vérité.* Pitié donc ! de ces Codes de morale que les hommes ont faits seuls, qui nous abrutissent et obscurcissent en nous l'image de Dieu, viens donc *femme*, à la source divine de toute morale, en puiser une nouvelle qui ne soit plus pour ton cœur aimant une torture continuelle, appuies-toi sur ton titre de *mère*, pour réclamer de l'homme ton égalité et le droit de libre passage sur cette terre. Mais la *maternité!* c'est notre plus beau caractère, il comprend tous les autres sentimens sans en exclure aucun, c'est la femme dans son épanouissement; dans la religion de l'avenir ce ne sera plus, comme type féminin, une madone virginale que nous présenterons à l'adoration des Croyans : ce sera la mère! qui ne laissera plus grandir isolé un seul orphelin sur la terre; qui ne permettra plus qu'un seul de ses enfans soit déshérité, ou plutôt ce sera la FEMME embellie de ses sentimens multiples. O vous, hommes de dévoûment, de conscience qui, dans toutes les religions, dans tous les partis, désirez l'amélioration du peuple, voulez-vous faire cesser ces émeutes sanglantes, voulez-vous sans secousse arriver à décharger les classes pauvres du fardeau de misère qui les accable, coupez le mal à sa racine, transformez la propriété, faîtes que toutes les mères *possèdent*, alors reposez-vous sur elles des soins qu'exigent l'enfance et la vieillesse:

A vous hommes la *production*, les grands travaux d'assénissement, la conquête de la terre, du monde matériel. A nous la *population*, à nous de renouveler l'humanité, à nous appartient de former le cœur, les sentimens de l'homme, à nous enfin l'éducation morale du monde, par les *mères*, par les *sœurs*, les *amantes*, les *épouses*, les *amies*, les *filles*. Enfin, à la FEMME sous son aspect *multiple*, d'apporter à l'humanité *amour* et *bonheur*.

SUZANNE.

NOTA. La brochure intitulée : *Appel d'une Femme au peuple*, et que Claire publia quelques mois avant sa mort se trouvant épuisée, j'ai cru devoir la faire réimprimer, autant pour satisfaire à un grand nombre de demandes que pour réunir tout ce que nous connaissons de cette femme remarquable.

AVANT-PROPOS.

Quelques personnes s'étonneront peut-être de cette brochure, et seront curieuses de connaître quelles sont ces dames auxquelles je m'adresse fréquemment. — Je leur dois une explication, la voici :

Depuis plusieurs mois une foule de hautes questions, et particulièrement celle de la liberté de la femme, ont été soulevées dans une brochure in-folio, d'une demi-feuille d'abord, puis d'une feuille entière d'impression qui, paraissant à des époques indéterminées sous différens noms : *La Femme libre*, *Apostolat des Femmes*, *Affranchissement des Femmes*, *la Femme nouvelle*, *Tribune des Femmes*, est arrivée à son 17ᵉ numéro, par une série d'articles signés ; *Jeanne*

Désirée, Jeanne-Victoire, Marie-Reine, Suzanne, Joséphine - Félicité, Christine-Sophie, Françoise, Rosalie, Juliette B., Isabelle, Pauline P., Emelie F., Angelique, Sophie, Caroline, Gertrude, etc etc., Aujourd'hui la *Tribune des Femmes,* sous la direction de Mmes *Suzanne* et *Angélique,* continue sa marche toujours paisible et calme dans les voies nouvelles de l'apostolat.

Le quinzième numéro de la *Tribune des Femmes,* commençait par un article intitulé : *Considérations sur les idées religieuses du siècle.*

Je voulais y répondre par quelques lignes, mais entraînée par l'immensité des questions que je soulevais, au lieu d'une lettre qui ne devait pas dépasser les bornes d'un article ordinaire du journal, j'ai composé une brochure.

Persuadée que sa publication peut être de quelqu'utilité, je me décide, tout en lui conservant sa première forme, à la faire paraître en dehors de ce journal auquel elle avait été primitivement destinée, et dont les colonnes seraient de beaucoup insuffisantes à la reproduire dans son entier.

CLAIRE DÉMAR.

MA LOI D'AVENIR.

Vous avez déserté la chaire de l'apostolat pour la tribune de la discussion, votre parole dogmatique ne dit plus seulement les besoins, les souffrances de la femme, ne lui pose plus avec autorité les limites d'une certaine loi d'avenir ; mais appelle toute femme à révéler tout besoin, toute souffrance, à formuler elle-même sa loi d'avenir.

Et vous avez fait sagement.

Car aujourd'hui, toute parole de *femme* doit être dite et sera dite pour l'*affranchissement de la femme*, car aujourd'hui, qu'une voix de femme énergique, puissante, au long retentissement, ou tremblante, indécise, ou inarticulée amie ou ennemie discordante et heurtée comme les mille bruits confus, les cliquetis funèbres qui jaillissent du choc des sociétés qui croulent en ruine, des civilisations que l'on démolit, ou suave et harmonieuse comme l'hymne des fêtes de l'avenir. — Toute voix de femme sera entendue et écoutée.

Vous avez donc pris la seule position convenable et possible, vous appelez et vous ne jugez plus.

Vous avez à veiller à ce que chacune dise, ou du moins puisse dire tout ce qu'elle sent, tout ce qu'elle aime, tout ce qu'elle veut.

Et moi femme, je réponds à votre appel.

Et moi, femme, je parlerai, qui ne sais pas tenir ma pensée captive et silencieuse au fond de mon cœur, qui ne sais pas voiler ses formes mâles, rudes et hardies, mettre à la VÉRITÉ une robe de gaze, arrêter au bord des lèvres une parole franche, libre, audacieuse, une parole nue, vraie, acerbe, poignante, pour la clarifier au filtre des convenances du vieux monde, la passer au crible mystique de la pruderie chrétienne.

Je parlerai, moi, qui déjà seule, sans le soutien, sans l'encouragement, sans l'acclamation d'aucune femme, en ai déjà appelé au peuple. — N'importe ce que soit devenu mon appel.

Je dis seule et sans le secours d'aucune femme, car il n'est pas inutile de constater le peu de lien qui nous uni les unes aux autres. — Oui seule ; car même les femmes qui se disaient nouvelles, qui prétendaient faire œuvre d'apostolat, n'ont pas daignées s'arrêter à une brochure écrite, sinon avec talent, du moins avec conscience et entraînement, qui s'en allait remuant à leur profit toute la pourriture cadavéreuse des vieilles institutions et d'une loi morale impuissante. — Non ! Pas une de ces femmes fortes n'a été forte assez pour oser s'en expliquer !... Et néanmoins, l'auteur et l'écrit leur étaient également connus.

Non que je m'en plaigne ou que j'en soie irritée ; ces choses sont ainsi, mesdames, parce que sans doute elles devaient être ainsi ; je les accepte telles que la providence ou votre volonté me les a envoyées. Mais ce sont des faits personnels qui me sont acquis ; j'en prends note et j'en fais le récit. Je les analyse, parce que peut-être aussi il sera bon, et quelques jours il aura été bon de noter, d'analyser les faits et d'en faire le récit : ils ont d'ailleurs un rapport direct, une intime liaison au sentiment, à la pensée que j'ai à vous manifester, et m'y ramènent forcément, naturellement.

Oui, Mesdames, comme vous j'attends, comme vous, j'appelle de tous mes vœux l'heure sainte qui établira les relations de l'homme et de la femme sur les bases de cette loi morale nouvelle, qui, résultant du concours sympathique et simultané de l'homme et de la femme, entourera l'homme et la femme d'un lien d'amour religieux et pur ! — Heure éternellement grande et féconde parmi toutes les heures de l'humanité qui, pour la grande famille des hommes , ouvrira une ère nouvelle de vie sociale ! — Heure glorieuse où tous les peuples de la terre, unis autour d'un même drapeau d'association, prêts à marcher dans les voies immenses d'un avenir de concorde et d'harmonie , verront pour la première fois l'homme et la femme obéissant aux lois d'une divine attraction , confondus sur le sein l'un de l'autre, couple sublime , réaliser enfin l'individu social jusqu'à cette heure impossible.

Alors enfin tombera la lourde chaîne d'esclavage qui si long-temps enferma d'un réseau de malheur toutes les nations du monde , et jettait aux mains de quelques oisifs privilégiés le labeur , la liberté , même le sang , même la vie de plusieurs millions de leurs semblables, qui forts, industrieux, actifs, nobles et confians, gémissaient devant la ruse et la faiblesse d'une verge fratricide.

Oui , *l'affranchissement du prolétaire, de la classe la plus pauvre et la plus nombreuse , n'est possible, j'en ai la conviction , que par l'affranchissement de notre sexe , par l'association de la force et de la beauté, de la rudesse et de la douceur de l'homme et de la femme.*

Aux femmes donc à faire retentir ce cri d'affranchissement; à répudier la protection injurieuse de celui qui se disait son maître, et n'était que son égal ! Qu'elle se lève donc d'entre les femmes , celle qui, le rameau de chêne et d'olivier à la main, signera le traité de réhabilitation , d'alliance et d'égalité.

Moi aussi, je l'appelle, je l'acclamerai avec transport; moi aussi,

je plonge mes regards dans cet immense horison , demandant
aux nations du Nord et du Midi , de l'Orient et de l'Occident ,
où donc est-elle ? quand viendra-t-elle ?...

Et nulle voix qui réponde ou puisse répondre à ces cris d'une
âme souffrante !

Car l'heure n'est pas venue, le monde n'est pas prêt, et
long-temps encore nous nous débattrons dans cette atmosphère
pestilentielle de la loi morale chrétienne , qui nous étouffe ;
et long-temps encore , nos volontés , nos paroles , nos actes ,
se heurteront confusément parmi les ténèbres de cette nuit, de ce
cahos de la pensée , avant qu'une vacillante et incertaine lueur
nous présage cette aurore de rénovation, de rédemption définitive, ce soleil qui, après tant de siècles , verra le pied de
la femme écraser à jamais la tête du serpent.

Mais bien peu de nous ouvriront une paupière affaiblie par
l'âge aux rayons de cette aurore éblouissante, bien peu d'entre
nous pourront mêler leurs voix à l'hymne d'allégresse, aux ac-
clamations incessantes qui, de toutes parts, salueront d'un
doux concert la venue de la femme messie !

Plus heureuses celles qui nous suivront dans la vie, forme-
ront alors son cortège nombreux et pacifique ! Pour nous,
malheureusement jetées dans ces temps de destruction, de
lutte et d'anarchie, notre rôle, tout de lutte, tout d'action,
ne sera pas moins beau, moins noble, moins digne des chants
pieux de reconnaissance de l'avenir, si nous savons le comprendre et nous tenir à sa hauteur ! Certes, il y aura quelque
gloire à avoir les premières, oublieuses de toute individualité,
fait entendre un cri d'affranchissement, et marché sans tour-
ner la tête, vers cet ordre de choses meilleures que nous pré-
sagions, au milieu des insultes, des outrages, des calomnies,
des dégoûts les plus cruels, incessamment soulevés contre nous,
par celles-là même au bonheur desquelles nous nous dévouons!

Je sais, Mesdames, que plus confiantes que moi, vous ne

reculez pas si loin dans les temps , la borne des misères, des souffrances de notre sexe et de l'humanité ; déjà même il me semble vous entendre vous récrier, en disant que les voies de la providence sont larges, secrètes , mystérieuses , et au-dessus de notre faible intelligence mortelle, que nous devons , dans notre foi , nous reposer en elle, et qu'il est irréligieux d'en douter.

Non , je ne doute pas, je n'ai jamais douté de la providence et de ses moyens d'action , mais je doute de nous , pauvres femmes , qui nous croyons fortes, et qui faibles , timides et chrétiennes, demeurerions peut-être muettes et insensibles à l'appel de la FEMME RÉDEMPTEUR , qui aujourd'hui peut-être renieraient sa parole , car ses actes nous effraieraient. — Non, je ne doute pas de la providence , mais je crois qu'immuable et assurée de la marche invariable de l'humanité , qui va toujours se développant sous la nécessité d'un progrès continu , sans fin , elle attendra que le temps et les progrès fassent germer aux cœurs des femmes , les idées nouvelles , les forces nouvelles , nécessaires à leur nouvelle position , sans dévier de ses lois éternelles , fussent même en faveur des dames de la Tribune.

N'allez pas vous fâcher. — Je l'ai dit , je le répète , ma parole est nue , quelquefois acerbe , irritante , mais elle est toujours vraie. — J'arrive à la preuve.

Ignorantes que nous sommes des besoins , des volontés de chaque nature , de chaque individualité , nous n'avons puissance et mission que de révéler les volontés , les besoins de notre personnalité , sans chercher à enfermer dans un même cercle , dans une même loi constante de mouvement et de vie , des organisations plus ou moins fortes, plus ou moins susceptibles d'une action sujette à varier d'intensité. Mais, en même temps que nous formulons notre nature , notre volonté , nous proclamons hautement que toute nature, toute volonté sont saintes, bonnes, et veulent satisfaction !

Eh bien ! les termes ainsi posés, je dis que nous devons écouter avec respect et recueillement, sans possibilité de jugement ou de blâme, toute parole d'émancipation qui retentira, si étrange, si inouïe, je dirai même si révoltante qu'elle soit. — Je vais plus avant, — je soutiens que la parole de la FEMME RÉDEMPTEUR SERA UNE PAROLE SOUVERAINEMENT RÉVOLTANTE, car elle sera la plus large, et conséquemment la plus satisfaisante à toute nature, à toute volonté.

Or, s'il en est ainsi, — et je pourrai appuyer mon opinion de l'autorité d'un nom que vous invoquez souvent, celui du chef de la religion Saint-Simonienne, le Père Enfantin, qui faisant appel à la femme, n'a pas cru pouvoir lui déterminer de limites, au-delà desquelles sa voix ne devait pas être entendue, son langage deviendrait mauvais et immoral. — Si donc il en est ainsi que je viens de le dire, n'avais-je pas raison d'avancer en commençant, que les femmes même de la Tribune ne pourraient pas porter la parole de la femme messie !!!

Il faut l'avouer, j'ai été douloureusement affectée, lorsque à la réception d'un de vos derniers numéros, mes yeux se sont arrêtés sur un article, d'ailleurs très-remarquable, qui nous a montré que votre style peut se ployer avec une merveilleuse facilité à toutes les exigences de la pensée, et revêtir si aisément les formes sévères de la discussion et du philosophisme, qu'on pourrait bien plutôt en attribuer les pages à la plume d'un logicien exercé, qu'à celle d'une femme sensible et impressionnable. — Oui, j'ai été douloureusement, péniblement affectée, car vous avez laissé tomber l'improbation sur une parole d'affranchissement, et en la déclarant mauvaise, vous avez agi inconsidérément, à la légère, en femme préoccupée de ses anciennes théories du vieux monde, et vous avez élevé des bornes, des limites, là où ni bornes, ni limites ne sont possibles.

Voici ce que vous avez écrit, je copie textuellement.

« L'énorme différence qu'il y a entre lui (M. James de Lau-
» rence) et la cour de Rome, consiste dans la liberté morale
» qu'il veut nous donner sans règles, ni limites, ce qui, avec le
» mystère qu'il admet, et ne devant rendre compte de nos ac-
» tes qu'à un Dieu tout mystique, nous conduirait droit à un
» grossier et dégoûtant pêle-mêle ; d'ailleurs ce n'est point là
» faire de l'association, ce n'est point reconstituer une Société
» qui croule de toute part ! »

Et un peu plus loin :

« La Société de l'avenir reposera, non sur le *mystère*, mais
» sur la *confiance* ; car le mystère prolongerait encore l'exploi-
» tation de notre sexe, la publicité, la confiance, devront for-
» mer les bases de la nouvelle morale ! »

Certes, Mesdames, si, comme vous, je confondais la confiance et la publicité ; si, comme vous, je proclamais que le
mystère doit prolonger l'exploitation de notre sexe, je devrais
saluer de mes bénédictions les temps où nous vivons, les circonstances au milieu desquelles nous sommes placées, je devrais courber la tête devant la loi qui nous domine : car jamais
l'union des sexes ne fut plus hautement avouée qu'aujourd'hui;
jamais moins qu'aujourd'hui l'amour (si de nos jours le mot
d'amour a quelque valeur, peut représenter quelque idée autre
qu'une idée toute matérielle, toute cinique); jamais moins
qu'aujourd'hui l'amour ne s'est refugié sous le voile du mystère.

Ecoutez : la chaire chrétienne retentit des publications de
mariage ; levez les yeux ! — les murs de l'église et de la maison
commune en sont couverts, les journaux eux-mêmes en gar-
nissent leurs colonnes inutiles. — Cette file de voitures qui sta-
tionnent devant un de nos temples, à la porte d'une des mairies

de nos 12 arrondissemens : c'est pour ramener dans la salle du festin quelque noce bruyante. — Devant le maire et devant le prêtre, aux yeux du monde matériel et du monde religieux, un homme et une femme ont entraîné une longue suite de témoins de tout âge et de tout sexe ; et le prêtre avec l'étole dorée , et le maire avec l'écharpe tricolore, au nom de Dieu et du Code, ont béni ou sanctionné une alliance indissoluble. Voilà pour l'union dite légitime, celle qui permet à une femme de dire sans rougir : *tel jour, à telle heure*, je recevrai *un homme dans ma* COUCHE *de* FEMME !!!... L'union qui, contractée en face de la foule, se traîne *lentement* à travers une orgie de vins et de danses, jusqu'au lit nuptial, devenu le lit de la débauche et de la prostitution, et permet à l'imagination délirante des conviés de suivre, de pénétrer tous les détails, *tous les accidens* du drame lubrique joué sous le nom de jour de noces !

Si l'usage ou la loi qui traduit ainsi la jeune mariée, palpitante et craintive, aux regards audacieux de toute une assemblée nombreuse, qui la prostitue aux désirs effrénés, aux révoltantes railleries d'hommes échauffés, exaltés par les fumées d'une fête licencieuse, si, dis-je, cet usage, cette loi, ne vous paraît pas une HORRIBLE EXPLOITATION ; si, en réfléchissant, vous n'avez jamais frémi de dégoût et d'indignation... je m'y perds . Les mots de dignité de la femme, d'affranchissement, d'émancipation de la femme, n'ont plus aucun sens pour moi, ne représentent plus aucune idée à mon esprit !!!

Ce ne sont là pourtant que quelques-uns des résultats de cette loi de publicité que vous réclamez comme garantie, comme base de la morale nouvelle.

C'est aussi la publicité qui, dans l'antre de la rue de Jérusalem, une plume infame à la main, inscrit tant de jeunes filles égarées, flétries au livre rouge de la police !!..

C'est aussi la publicité qui procède à ces unions brutales d'une heure, que la malheureuse prostituée commence auprès d'une borne, à l'angle de la rue, et vient achever en grande hâte, dans son réduit, sur l'autel de la débauche pour recommencer un instant après !!!...

C'est encore de la publicité que ces scandaleux débats judiciaires, qui, dans nos cours, nos tribunaux, font retentir devant nos juges les mots d'adultère, d'impuissance, de viol, provoquent des enquêtes odieuses, des arrêts révoltans !..

Mais laissons de côté cette énumération fatigante, ces tableaux hideux à faire soulever le cœur ! — et voyons si, comme vous le prétendez, le mystère prolongerait encore l'exploitation de notre sexe. Quoi donc ! parce qu'une femme n'aurait pas mis le public dans la confidence de ses sensations de femme ; parce que, parmi tous les hommes qui l'entoureraient de leurs soins et de leurs hommages, qui lui offriraient leur amour, un autre œil que le sien ne saurait distinguer celui qu'elle préfère, parce que sa voisine ne pourrait égayer une conversation méchante des détails de sa vie intime ; parce que ses nuits d'amour ne seraient pas transparentes et éclairées ; parce qu'elle n'ouvrirait pas portes et fenêtres lorsqu'elle voudrait, s'abandonnant aux bras d'un homme, lui prodiguer ses baisers et ses caresses : il résulterait donc nécessairement qu'elle serait le jouet, l'esclave d'un homme ; qu'il n'y aurait plus d'association possible ; que le bonheur de l'humanité serait à jamais détruit ?... Quoi donc ! une femme serait exploitée et malheureuse, parce que, sans crainte de les voir se déchirer, se haïr, elle pourrait donner simultanément satisfaction à plusieurs hommes dans leur amour ; faire une part de bonheur et de plaisir à tous ceux qui ne croiraient trouver bonheur et plaisir qu'auprès d'elle ! et par elle !

Bienheureux les pauvres d'esprit, Mesdames, toute la subtilité, toute la finesse du sentiment ou du raisonnement n'ont pu me faire même soupçonner les hautes raisons qui vous ont fait résoudre si péremptoirement cette question ! Elle est grave cependant, et vaut la peine·d'être creusée, approfondie ! — Veuillez donc suspendre la réprobation, l'anathème dont vous semblent dignes à la fois ma personne et mes théories ; veuillez me suivre encore quelques instans ; car je vais plus loin, et je crois, avec M. James de Laurence, au besoin, à la nécessité d'une liberté sans règles ni limites, et une liberté aussi large que possible, appuyée sur le mystère, dont je fais la base de la morale nouvelle, quand bien même il nous conduirait au pêle-mêle qui vous paraît grossier et dégoûtant.

Aujourd'hui l'homme et la femme sont jetés bien souvent aux bras l'un de l'autre, sans s'aimer, sans se connaître, par la volonté de parens despotes et absolus, pour satisfaire à quelque raison de convenance, à quelque calcul d'intérêt ou de fortune. — De là tant d'unions mal assorties, tant d'existences malheureuses, condamnées à des larmes sans fin, à une haine toujours vivace, toujours renaissante, qui s'irrite, s'exalte d'heure en heure, se traîne de longues années à travers la ruse et le mensonge, et vient plus d'une fois, après d'atroces souffrances, demander enfin soulagement au poison ou au poignard libérateur.

Je ne parle pas de quelques mariages fort rares qui, motivés sur un entraînement réciproque, et contractés en dépit dé toutes les lois de convenance de notre vieux monde, font quelquefois tomber la main de la jeune fille pauvre, simple, naïve, confiante, dans la main du noble oisif, riche, puissant, envié ! — Ces unions fort communes, fort classiques dans le monde spiritualiste et quintescencé de nos romans, sont bien autrement rares dans notre monde réel, tout froid, tout positif, tout calculateur, j'en ai vu bien peu se former sous mes yeux, et quelques mois de libre contact, d'entière jouissance, ont toujours suffi à abattre ces grandes ardeurs ; si bien qu'au sortir de la lune de miel, le mariage d'amour, d'inclination, fondé sur des sympathies presque toujours mal étudiées, ressemble, a s'y tromper, au mariage de convenance, fondé sur l'impérieuse loi d'intérêt ou de fortune, et qu'à l'un et l'autre ont peut à coup sûr prédire des phases égales de dégoût et de repentir !... Telles sont les unions de l'ancien monde que vous répudiez, telles sont les conséquences de la loi chrétienne que vous brisez.

L'union des sexes dans l'avenir devra donc être le résultat des sympathies les plus larges, les mieux étudiées, sous tous les points de vue possibles; sans l'intervention d'aucune volonté étrangère, sans le concours d'aucune circonstance déterminente, autre que le libre arbitre, né le plus souvent du bouillonnement d'un sang enflammé de l'exaltation des sens.

J'ai le malheur, Mesdames, je l'avoue à ma honte de femme sentimentale, j'ai le malheur de ne pas croire à ces entraînemens soudains, fort poétiques d'ailleurs, qui de la rencontre simultanée de deux individus, font jaillir un amour ardent, bien impétueux, bien irrésistible, comme du choc de deux cailloux une vive étincelle. — J'ai le malheur de ne pas croire à la spontanéité d'un sentiment, à l'irrésistible loi d'attraction des esprits ; je ne pense pas que d'une première entrevue, d'une seule conversation, puisse résulter la certitude, la conscience d'une pensée, d'une sensation toujours la même, toujours identique sur tous les points, et ce n'est qu'après long et mûr examen, sérieuse réflexion, qu'il est permis de s'avouer à soi-même, qu'enfin on a rencontré *cet autre âme complément de la sienne*, qui pourra *vivre de sa vie, penser de sa pensée, sentir de sa sensation*, se confondre en elle, et lui donner et en recevoir tour à tour force, puissance, joie et bonheur!

Alors donc comme aujourd'hui, ce sera au temps et à l'étude à nous révéler l'existence d'une sympathie plus ou moins large, plus ou moins forte, plus ou moins complète, base de tout amour! — Il faudra donc se connaître, se mettre en rapport, s'étudier, s'essayer plus ou moins long-temps, sous peine de s'égarer de déception en déception dans des rêves trompeurs, de poursuivre un vain fantôme, enfant d'une délirante imagination, forme insaisissable dotée par un prisme mensonger de trompeuses couleurs; sous peine de n'embrasser, au lieu d'une réalité, qu'une ombre fugitive qui se dissout et s'évanouit au toucher, que la lumière fait disparaître.

Et que de fois hélas, il faudra bien, après tout, s'avouer qu'on s'est trompé, qu'on a été le jouet de quelques faux semblans, de quelques décevantes apparences !.... J'en appelle enfin, Mesdames, à votre *expérience de femme*.

Mais je veux qu'on ait reconnu l'existence de ces rapports intimes, secrets et mystérieux de deux âmes; je veux qu'on ait conscience de cette unité de sentimens, de pensées, de vouloirs, je suppose la sympathie aussi large que possible.

Tout cela, Mesdames, pourrait bien encore selon moi n'aboutir à aucun résultat heureux, tout cela pourrait bien encore, je le sens, venir se briser contre une dernière épreuve décisive, mais nécessaire et indispensable !!!

Je m'explique :

Par la nécessité providentielle sans doute, d'une loi constante et invariable de progrès, la vie se formule incessamment dans tout l'univers, sous le double aspect de conception et d'exécution, sous la forme d'esprit et de matière.

Comparez, analysez chaque fait, chaque circonstance, chaque accident, combinez, composez de mille manières chacun des êtres de l'humanité, chacune des portions de l'univers, chacun des fragmens du grand tout, et toujours vous retomberez sur ces deux principes : esprit et matière.

Un esprit qui conçoit, qui ordonne, une matière qui exécute, qui réalise. — Voilà la seule raison possible et compréhensible de toute œuvre, car la conception serait éternellement inféconde sans l'exécution, et je ne saurais concevoir d'exécution possible sans une conception préalable.

Esprit et matière! — C'est la grande formule, la raison dernière de tout ce qui est de la *vie* de DIEU — de DIEU, qui crée sans cesse, parce que sans cesse il conçoit, exécute, de DIEU qui est la souveraine conception, la souveraine exécution.

Et c'est dans l'entier équilibre, la parfaite harmonie de ces deux principes, également nécessaires, également coexistans de toute éternité, que nous devons chercher, que nous devons placer la loi future de notre bonheur, de notre avenir d'affranchissement et de satisfaction; et c'est pour cela qu'aujourd'hui nous sentons, nous réclamons la réhabilitation de la chair flétrie, torturée depuis tant de siècles sous la loi chrétienne qui consacrait la prédominance injuste d'un des principes sur l'autre !

Et les temps sont venus où la *chair* doit être *réhabilitée* où la *matière* sera l'*égale*, non l'*esclave* de l'*esprit*, où un principe ne se développera plus au détriment de l'autre, mais où chacun réalisant son action, dans toute sa force, dans toute son énergie, dans toute sa sainteté, la vie reprendra son cours uniforme, majestueux, et complètera par toutes voies son œuvre féconde !! — Alors enfin, seulement l'homme sera l'image de DIEU.

Ces considérations abstraites étaient indispensables à l'intelligence de ce qui me reste à dire ; — j'arrive enfin à la solution du grand problème qui nous occupe :

De l'amour, de l'union des sexes, il doit, comme de tout autre cause, résulter en définitive une œuvre, une création nécessaire ; là comme partout ailleurs, les deux principes, esprit et matière, doivent développer leur action simultanée, là aussi il doit toujours y avoir réhabilitation : — Notez bien que je ne me plains point que jusqu'à présent cette nécessité de réalisation n'ait pas été sentie, comprise, ou satisfaite : au contraire, même sous l'empire le plus absolu de la loi chrétienne , les hommes les plus spiritualistes sont entrés largement dans les voies de reproduction et de vie; de tout temps on a réalisé , beaucoup réalisé , et jamais, sous ce rapport, l'humanité n'a pu craindre que son développement fût arrêté ! — Je voudrais seulement qu'on eût la franchise de reconnaître , de proclamer hautement cette nécessité, sans baisser des *paupières menteuses*, sans *rougir* d'une pudeur *mystique* que je ne comprends pas !

Soyons un peu conséquentes à nous-mêmes , nous toutes qui proclamons la réhabilitation de la matière, la sanctification de la chair , et tenons compte du principe *matériel* , donnons satisfaction à la *chair*.

Je le répète : l'union des sexes dans l'avenir devra être le résultat des sympathies les plus larges , les mieux étudiées sous tous les points de vue possibles; et alors même qu'on reconnaîtrait l'existence des rapports intimes , secrets et mystérieux de deux âmes , alors même qu'on aurait conscience d'une parfaite unité de sentimens , de pensées et de vouloir. Tout cela pourra bien encore venir se briser contre une dernière épreuve décisive , mais nécessaire , indispensable.

L'EPREUVE *de la* MATIÈRE *par la* MATIÈRE; *l'*ESSAI *de la* CHAIR *par la* CHAIR !!!..................................
....

J'ai donc enfin prononcé le grand mot devant lequel tant de hardis novateurs se sont arrêtés , effrayés des clameurs, du tumulte et des odieuses imputations qu'allait soulever autour d'eux le retentissement de leur parole audacieuse et incisive.

Et moi aussi, faible femme, inquiète et alarmée, j'ai dû me mettre long-temps en balance, et l'orage prêt à rouler mon nom de femme dans les agitations du flot populaire, prêt à perdre à jamais dans la tempête de la publicité le repos de ma vie solitaire et ignorée, et le besoin de dire ce que j'ai compris et le devoir de faire l'œuvre que je me sentais mission d'accomplir.

Mon choix est fait : — je parle. — Sans doute la force ne me manquera pas pour soutenir ma parole.

Vienne à présent la calomnie, avec son cortége de railleries piquantes, de mots amers, d'insinuations perfides. — Je suis prête. — Ma vie, toute murée, ne s'écoule pas au jour sombre voluptueusement mystérieux des rideaux de soie d'un boudoir ! et quelle que soit l'heure à laquelle on frappe à ma porte, toujours elle s'ouvre au visiteur.

Vienne l'anathème, la persécution : encore une fois je suis prête.

L'opérateur, se laissant vaincre aux cris, aux larmes, aux injures d'un malade, rejette-t-il donc loin de lui le fer qui pénètre dans la chair, le feu qui la cautérise ?

Et j'estime qu'il était bien, qu'il était bon, que celle-là fut toute chrétienne, toute spiritualiste dans ses actes, qui oserait plaider la cause de l'amour matériel.

J'ai parlé de la nécessité d'un *essai tout physique de la chair par la chair.*

C'est que bien souvent, au seuil de l'alcove, une flamme dévorante est venue s'*éteindre*; c'est que bien souvent, pour plus d'une grande passion, les draps parfumés du lit sont devenus un *linceul de mort* ; c'est que plus d'une, peut-être, lira ces lignes, qui le soir était entrée dans la couche d'hymen, *palpitante de désirs et d'émotions*, qui s'est relevée le matin *froide et glacée.*

C'est que MOI, *qui parle*, j'ai pu *volontairement* reposer, seulement pendant une heure, dans les bras d'un homme, et que *cette heure* ait élevé une barrière de satiété entre lui et moi, et que cette heure, la seule possible pour lui, ait été assez longue pour le replacer vis-à-vis de moi dans la foule monotone des indifférens, et que lui soit redevenu pour moi une de ces unités qui ne laissent de trace dans notre vie qu'un souvenir commun, froid et banal, sans valeur comme sans plaisir, sans regrets.

Et je n'entends pas davantage ici parler des déceptions qui peuvent résulter de l'étrange et énorme sacrifice, au péril duquel, sous le ciel brûlant de l'Italie, plus d'un jeune enfant court la chance de devenir un maestro célèbre, que de celles qui trouvent leurs causes dans les libéralités disproportionnées d'une nature cruelle moqueusement prodigue. — Je ne fais pas d'allusions. — Mille causes diverses peuvent amener un même résultat.

Je sais que depuis long-temps on a proscrit les odieuses expertises de ces matrones, appelées autrefois sur le dire contradictoire de deux époux; mais enfin, dernièrement encore, la *Gazette des Tribunaux* n'a-t-elle pas rempli ses longues colonnes des détails d'une cause également scandaleuse, où les juges, fort empêchés de formuler une sentence, auraient eu besoin, pour éclairer leur conviction, de quelques-unes de ces expériences bonnes à égayer les récits des Bocace, des Lafontaine, des Grecourt.

La nécessité de l'essai admise, que devient, je vous prie, la loi de publicité? — Faudra-t-il donc aussi mettre dans la confidence de ces épreuves plus ou moins prolongées, qu'elles aboutissent ou non à résultat? — Je ne le pense pas. — Mais alors à quel point déterminé devra donc s'arrêter le *mystère*? Qui marquera l'heure précise de la publicité?... Nous sommes forcément obligés, sur ce point, de nous en remettre au libre arbitre des intéressés; nous devons accorder toute latitude à chaque individualité, de telle sorte que ceux-là puissent demeurer dans le mystère, qui désirent y demeurer. Autrement je ne sais plus ce qu'on doit entendre par liberté, par satisfaction donnée à toute nature, parce que toute nature est bonne?....

Où finit la période de l'essai? — Où commence la phase du mariage? — Voilà toute la question. — Ou plutôt le mariage n'est-il pas une suite continue et prolongée d'essais, qui doit tôt ou tard aboutir, du moins pour les natures mobiles, inconstantes, à un refroidissement, à une séparation.

Et c'est ici le lieu d'examiner, de discuter la loi de constance ou d'inconstance, de mobilité ou d'immobilité, sur laquelle les partisans des doctrines Saint-Simoniennes font pivoter toute l'organisation morale de l'avenir.

Acquittons d'abord notre dette de remercîmens et d'hommages à l'homme courageux, qui, le premier, luttant contre la réprobation universelle, a réclamé avec énergie contre l'antique loi chrétienne de constance ; qui, nouveau messie, est venu racheter la nature mobile de la damnation éternelle !!! Honneur à ENFANTIN ! honneur à ces hommes de foi, apôtres du nouvel évangile, qui, pour le suivre, ont tout sacrifié, tout abandonné !! Salut à toi, Barrault !!.. Gloire à vous tous, compagnons de la Femme, chevaliers de la croisade pacifique : gloire à vous tous qui allez noircir vos figures aux rayons brûlans du soleil d'Orient, qui allez par toute la France endurcir vos mains saignantes et déchirées au travail du prolétaire ! Gloire, gloire éternelle à vous tous ! — D'autres, peut-être, achèveront votre œuvre et y attacheront leurs noms en perdant les vôtres : à vous seuls l'honneur d'avoir posé la première pierre de l'édifice à élever. — Telle est la loi du monde. — Saint-Simon poursuit pendant toute sa vie une idée nouvelle, et à son lit de mort, du sein de sa misère, il lègue à l'humanité un nouvel avenir, héritage accepté par quelques disciples chéris et fidèles. Bientôt ces disciples eux-mêmes continueront l'œuvre incessamment grandissante du maître et de leurs mains épuisées, d'autres, à leur tour, viendront recevoir le legs sublime, et le transmettront plus développé à ceux qui viendront les remplacer, toujours plus forts et plus nombreux.

Mais enfin leur parole est une parole vivante, progressive, qui se développera avec la vie ; mais eux, qui ont formulé d'une manière si large la grande loi du progrès, y sont invariablement soumis, et c'est une de ces conséquences nécessaires de leur foi, que le symbole qu'ils ont adopté pour entraîner l'humanité dans une nouvelle route, plus spacieuse, plus belle, plus favorable, l'humanité le brisera, le rejettera comme une écorce aride, lorsque pressé par les générations d'hommes, infécond, il ne fournira plus à leurs lèvres brûlantes et desséchées aucun suc bienfaiteur et rafraîchissant; mais eux-mêmes, après avoir jeté leur nouveau dogme à la face du monde, ont appelé la femme à féconder leur œuvre éternellement stérile sans son concours, et avouant leur impuissance et leur faiblesse, sont rentrés dans le silence et le repos de l'attente.

Eh bien, donc! moi, femme, appelée comme et avec tous les autres, je prends mon point de départ de la limite où ils ont arrêté leurs pas, et sous peine d'INCONSEQUENCE, de MENSONGE et de CHARLATANISME, *force leur sera d'avouer mon action*, ou tout au moins de suspendre *tout jugement, toute désapprobation.*

Je le répète, ce fut un acte de courage et de force que de reconnaître, de proclamer l'existence d'une nature mobile, que de réhabiliter l'inconstance, de la déclarer sainte et divine, parce qu'elle *est*, et que tout ce qui *est* vient de *Dieu*, est de *Dieu*, est *Dieu.* — Là se rencontrait une borne qu'il eût été d'une haute imprudence de renverser tout à coup, inopinément, à la hâte et sans crier *gare.* Sans donc vouloir, ou même sans pouvoir nier alors l'existence d'une autre nature, ou du moins se contenter de garanties réciproques, gâcher quelques combinaisons qui permettraient au nouveau principe de développer ses conséquences sans trop d'entraves ou de difficultés, en respectant l'existence de l'autre principe, si autre principe il y a, en laissant jour à la nature constante, immobile, si tant est qu'il puisse y avoir dans la nature deux manières d'être opposées, deux modes dissemblables d'*action*; — espèce de charte transitoire qui consacrait des droits nouveaux, en respectant des positions acquises (style de tribune ou de journalisme); terme moyen auquel, de nos jours, on s'est arrêté bien souvent; pente adoucie qui permet au char de la civilisation d'arriver par une course toujours accélérée, non interrompue, sur une ligne nouvelle, sans qu'un mouvement inégal, trop hâté, le fasse dévier et de bond en bond se précipiter et voler en éclats au fond de quelque abîme !!..

Mais enfin il vient à luire un jour où l'enfant plus fort dégage ses membres des langes du berceau, où il brise les lisières et les entraves qui ont retenu ses premiers pas tremblans et mal assurés ! — Et voici qu'aujourd'hui la raison humaine peut marcher sans guide, sans appui, dans sa force et son libre arbitre : voici que le monde s'avance d'un pas énergique et assuré au-devant d'un nouvel avenir, et de destinées plus larges !... Laissez-le donc passer le géant, laissez-le donc passer, de peur que dans vos résistances vaines, son large pied ne vous broie contre terre, de peur que, grain de sable, il vous écrase et ne vous mêle en poudre à la poussière du chemin qu'il soulève en fumée devant lui !!...

De deux principes *opposés*, l'un est la négation complète de l'autre ; l'un tue l'autre : — si l'un est vrai, l'autre nécessairement se trouvera faux, absurde, inadmissible ?

Oui, jamais autre qu'un homme stupide et inepte a pu faire hurler ensemble les mots de monarchie et de république, de royauté de tous et de royauté d'un seul ! à notre siècle, qui n'est lui-même en définitive qu'un long paradoxe, il devait être réservé d'entendre, d'écouter, d'applaudir ce paradoxe étrange : la meilleure des républiques, c'est un roi. Aux hommes d'aujourd'hui seulement, a pu venir la pensée de faire embrasser la révolution et Louis-Philippe, de répandre comme l'huile sainte sur son front d'origine royale, le sang des martyrs de Juillet !!!.

Aussi voyez, trois ans à peine écoulés, ce qu'il advient de

ces mélanges hétérogènes, de ces alliances anomales, de ces théories monstrueuses :

Un fœtus de gouvernement, avorton éphémère, qui sans pouls, sans haleine, se traîne misérablement, à grand effort, à travers les risées, les sifflets et les huées, vers la tombe et l'oubli qui le réclament !!.... Pauvre frêle créature, nourrie, élevée, sous les drapeaux du despotisme, à l'ombre des palais, qui ne sait aspirer que les miasmes des cours, qui se sent oppressé à l'air ardent et régénérateur de la liberté, qui se trouve mal à l'odeur populaire des trois couleurs, et qui erre de son palais des Tuileries à sa ferme de Neuilly, poursuivie par un cauchemar éternel de pavés et de barricades !

Misère et pitié!

Pitié du faible roseau qui prétend arrêter la course du torrent écumeux et rapide!! Pitié de l'insecte microscopique dont le dard imperceptible veut frapper, à travers ses larges flancs, au cœur du lion fougueux?

Le torrent précipite sa course vers l'océan ; le lion vers sa proie, le principe vers sa dernière conséquence : mais que deviennent, je vous prie, le roseau, l'insecte et les barrières, les chartes et les transactions futiles?

Pour moi, je n'ai jamais su, je ne saurai jamais comprendre ces classifications, ces distinctions subtiles et métaphysiques, au moyen desquelles on veut diviser l'humanité en série d'ordres, de classes, de genres. Je me défie, et pour *bonnes causes*, des catégories.

Il est, dites vous, des hommes constans, immobiles, et d'autres au contraire, mobiles, inconstans? — Marquez-moi donc le point de *séparation*, de la *constance* et de *l'inconstance*, de la *mobilité* et de *l'immobilité*, ou *finit l'une*, où *commence l'autre* ? En vérité, mes yeux faibles et myopes ne sauraient le distinguer.

Vous proclamez deux natures! Eh ! bien, demain, suivant

qu'un plus grand nombre s'avouera de l'une ou de l'autre, vous ferez une part plus ou moins large à l'une qu'à l'autre ; vous ferez, peut-être, involontairement prédominer l'une sur l'autre, vous proclamerez l'une meilleure que l'autre ; et bientôt nous aurons une bonne et mauvaise nature, un péché originel ; et bientôt nous retomberons sur un paradis, sur un enfer ; vous attacherez au front de celui-ci une auréole de saint, vous plongerez cet autre dans les flammes vengeresses des damnés ; vous serez de Dieu, moi du démon.

Vous croyez au progrès de l'univers et de ses différentes parties. Mais, qu'est-ce donc que le progrès, si non un mouvement éternel de l'esprit et de la matière, un passage continuel d'une idée à une autre idée, d'un sentiment à un autre sentiment, d'une manière d'être à une manière d'être différente ?

Contradiction !

Vous parlez d'immobilité ! Portez donc vos regards autour de vous : vous n'êtes que d'hier, et voilà qu'autour de vous tout est changé, tout a revêtu des formes nouvelles. L'enfant timide et faible est devenu jeune homme ardent et impétueux ; le jeune homme qui s'en allait dépensant toute sa force, toute son énergie dans les plaisirs, les désordres et le bruit, s'est enveloppé de calme, de silence, de gravité ; les calculs froids et positifs de l'ambition et de l'intérêt contractent sa bouche autrefois si riante, creusent ses joues si roses, rident son front si pur, blanchissent et font tomber sa chevelure si noire, si parfumée, si gracieuse. Que sont devenus tant d'astres qui tourbillonnaient au pouvoir, à l'entour des trônes, auprès de puissans monarques ? Les trônes, les monarques, eux-mêmes, où sont ils ? Combien de nouvelles séries d'êtres ont pris la place d'autres séries perdues à jamais ? Où donc est l'empreinte des pas de tant de générations ? — De vos amitiés, de vos amours, de vos craintes, de vos espérances, de tout ce qui faisait battre votre cœur, il y a quelques heures, que surnage-t-il encore !.. — Un faible et confus souvenir peut-être.... qui lui-même s'effacera bientôt sans retour ?

Vous parlez d'immobilité ! Consultez donc vos académiciens, vos savans ; interrogez les Cuvier, les Geoffroy Saint-Hilaire, les Brogniard, ces audacieux nécrologistes de races effacées, des espèces détruites, ces historiens des mondes brisés, des planètes submergées.

Oui, au dedans, au dehors de nous, tout change, tout se renouvelle, et nous pouvons prononcer sans rire le mot d'immobilité ! Quoi ! ce que nous aimions hier, nous le détestons aujourd'hui ; ce que nous adorions, ce que nous exaltions, nous le méprisons, nous le rejetons dans la boue ! Quoi notre joie s'est changée en chagrin, nos plaisirs en peine, nos ris en larmes, notre bonheur en souffrance et en malaise et nous parlerions de constance !

Immobilité, constance !—Mais où donc vous trouver ?—Je m'y perds.—Dois-je donc vous chercher, vous rencontrer seulement dans les rapports de l'homme et de la femme ? Un pouvoir surnaturel, capricieux, plus fort que l'immuable volonté de Dieu, vous a-t-il donc posées comme seules bases de l'union des sexes, dans un but, dans un intérêt que je ne puis comprendre ? Ici donc la Providence aurait-elle voulu se montrer inconséquente et bizarre ?

Eh bien ! fouillons encore ; enfonçons encore le scalpel dans cette pourriture, et voyons !!!.

Si j'allais demander au monde : qu'est-ce que l'amour ? Les millions de voix confuses du monde me bourdonneraient à l'instant une réponse multiple, dans laquelle j'aurais à choisir à volonté une définition telle quelle, dont je m'accommoderais entre mille autres ! Car ce pauvre amour, quelles formes de la nature n'a-t-il pas tour-à-tour revêtues ? —Dans quel bosquet ne s'est-il pas fourré ? Dans quelles fleurs n'a-t-il pas fait son nid ? Depuis le plus noble hôtel du faubourg Saint-Germain, le plus riche pavillon de la Chaussée d'Antin, jusqu'à la plus sombre, la plus sale, la plus délabrée masure de la cité, de l'entresol à la mansarde, quelle chambre, quel réduit n'a-t-il pas habité ? Dans quel cabinet d'auteur, dans quel atelier de peinture n'a-t-il pas posé? Quel livre n'a-t-il pas enjolivé de ses fadeurs, de ses bons mots ? Quelle galerie n'a-t-il pas ornée de son portrait ?—Et ne l'ai-je pas encore rencontré au dernier salon, pauvre enfant bouffi et édenté, avec sa grosse perruque blonde, son arc moisi, détendu, ses flèches de bois dédoré, son carquois de carton troué? ne l'ai-je pas retrouvé près de son éternelle bonne maman Vénus? Or, de toutes ces définitions qui ont grossi tant de gros volumes, une seule me paraît belle de vérité, de concision et d'énergie, celle de Madame de Staël, la femme qui par ses écrits a le mieux soutenu la puissance de notre sexe, a le mieux protesté contre notre dépendance et notre infériorité ; —de Madame de Staël, qui peut-être alors qu'elle écrivait sa phrase proverbe, éclairée par ses propres déceptions, par son expérience acquise, entrevoyait confusément un rayon de l'avenir, soulevait un coin de la mystérieuse enveloppe qui recèle nos destinées futures !..

Oui, femme étrange, illustre écrivain, tu as dit vrai : oui, jusqu'à ce jour, l'amour n'a été que de l'*égoïsme à deux !* L'homme n'a aimé que lui dans la femme ; la femme n'a cherché que sa propre satisfaction auprès de l'homme, et malgré les sermens d'éternelle fidélité que l'un n'a faits que pour être en droit de les exiger en retour de l'autre, tous deux réciproquement se sont trompés, se sont mentis, se sont parjurés ; tous deux, l'un envers l'autre, ont été plus ou moins souvent, plus ou moins long-temps infidèles !

Que les femmes qui me liront mettent de côté tout vain *orgueil*, toute pruderie de *commande* déplacée ; que pour une heure, une fois en leur vie, elles oublient une rougeur menteuse ; qu'elles ne dissimulent point leur visage sous les plis d'un éventail trompeur, sous la longue passe d'un chapeau, et la main sur la conscience, qu'elles répondent : Dites, Mesdames, en est-il parmi vous une seule qui, au sein de l'union la plus féconde en bonheur et en joie, n'ait pendant un moment, si court soit-il, détourné son regard de son époux ou de son amant, pour le reporter avec complaisance et plaisir sur quelqu'autre homme, et, établissant à son insu une comparaison toute à l'avantage de ce dernier, désiré que l'amant ou l'époux lui fût semblable.

Oui, s'il peut, entre vous *toutes*, s'en trouver une seule ainsi faite, qu'elle se lève, me condamne et me jette la pierre; car alors j'aurais dit une parole imprudente et calomniatrice, dont je dois porter la peine : j'y suis résignée!

Mais je crois que si la durée de ma vie était attachée à cette condition, je courrais risque d'immortalité.

Il me semble déjà voir quelque disputeur pointilleux s'en aller fouillant dans les débris de la vieille Rome, pour réveiller la cendre inanimée de Lucrèce! Oh! ne la troublez pas dans sa tombe ignorée, car son silence est pour vous plus heureux sans doute que ne le pourrait être sa voix! Oh! laissez-la dormir; par pitié pour sa mémoire, laissez-la dormir! Car peut-être elle n'a dû d'imposer son nom à tout langage humain, qu'au visage repoussant ou à la trop hâtive précipitation de son fougueux adorateur; peut-être qu'à l'heure où il se présentait à elle, l'œil enflammé de lubricité, la menace à la bouche, elle rêvait, cette pauvre Lucrèce, d'un amour bien tendre, bien mystérieux, avec quelque fashionable Romain, à la figure pâle et souffrante, au corps grêle; peut-être n'a-t-elle reculé que devant l'impétuosité d'un amour trop emporté, trop énergique!.. Pourquoi te ruer ainsi à l'improviste, jeune homme imprudent, sans même être annoncé, dans le boudoir de celle que tu aimes? C'est ton ardeur qui t'a perdu; une paire de gants, un flacon d'huile mélaïnocome, et quelques jours d'attente... auraient peut-être vaincu cette vertu modèle! A quoi donc tiennent le bonheur d'un homme, l'existence d'une monarchie, les destinées d'un monde!...

Mais à quoi bon remuer la froide poussière d'une pauvre femme et toute cette poudreuse histoire de Rome, qui ne sauraient apporter aucun jour dans la discussion?

Du moment où vous avezregardé un homme avec plaisir, avec satisfaction, et qu'il vous a semblé plus beau, plus spirituel que votre amant ou votre époux; de l'heure où vous l'avez trouvé supérieur à l'un ou à l'autre, n'importe sous quel point de vue, sous quel rapport de l'esprit ou de la matière, je le déclare, moi, la prostitution a eu lieu, l'adultère a été commis, d'intention du moins. — Seulement le préjugé, la crainte, ou quelqu'autre secret motif inconnu, vous a retenu, et vous avez joint à l'adultère la ruse et le mensonge.

Adultère, ruse, mensonge, voilà donc où nous retombons sans cesse avec la *loi de constance* étayée de la *publicité*!

Ainsi donc nous devons avouer que la plus pure, la plus fidèle, a été coupable, (je parle suivant les anciennes données morales du vieux monde), coupable au moins de désirs, infidèle de volonté.... Que si l'acte n'a pas suivi la pensée, qu'importe? C'est par une nécessité pénible dont bien souvent elle aura gémi : et lorsqu'elle vient se parer, se vanter de sa constance, ayez, hommes, pour certain, que dans son cœur elle se méprise et se fait pitié; car sa prétendue constance n'est que mensonge et tromperie, pour elle comme pour les autres.

Après la pompeuse vertu théâtrale des Lucrèce, il se pourrait qu'on évoquât les fureurs des Othello, pour venir conclure contre moi de la jalousie à la constance.

La jalousie, qu'est-ce autre chose, je vous prie, que l'expression la plus haute, la mieux prononcée de cet égoïsme qui rapporte tout à soi, qui voudrait, exempt de toute condition, de toute entrave, de toute abnégation personnelle, enchaîner à jamais le corps et l'esprit, la pensée, le vouloir, la sensation de tout être aimé, le courber à sa loi, à son plaisir, à son caprice ? — La jalousie, qu'est-ce autre chose que le sentiment anti-social de propriété qui vous fait dire : mon château, mon domaine, ma maison; qui vous fait enceindre le château d'un vaste fossé, la maison d'une forte muraille, les champs d'une haie vive impénétrable !

— Vous parlez d'Othello : que n'invoquez-vous aussi les matrones, les eunuques et les muets du sérail !... Que ne parlez-vous aussi des anneaux, des cadenas préservateurs ? sublimes inventions de l'Italie, qui assurent la constance, garantissent la fidélité, permettent à l'époux, vieillard tremblant, de voyager, assuré de la vertu de sa jeune femme, dont il emporte la clé dans les plis de sa valise ! — Il est vrai que l'amour sait aussi, pendant le repos de l'hymen, mettre une fausse clé aux mains de l'amant heureux et dédommager la jeune épouse languissante, délaissée... touchante et douce réciprocité de franchise et de confiance !...

Enfin, si j'osais me citer moi-même en exemple, et on peut, je pense, me le *permettre*, après ce qui précède, je ferais ma confession avec la naïve candeur, toute la bonne franchise de ce pauvre âne de la fable, qui avait, en un pré, tondu l'herbe la largeur de sa langue, et que tigres et lions dépécèrent pieusement en holocauste aux dieux irrités !...

Je dirais que moi, parce que j'étais jalouse, et très-jalouse, pendant long-temps je me suis crue constante, et que plus tard, venant à mieux apprécier, à mieux déchiffrer le problème de mon individualité, j'ai bien compris qu'assurée du silence et du secret, je ne sais trop en vérité ce qui aurait pu advenir de ma fidélité ! — Parmi tous les hommes, il en est un que certes j'ai aimé au-dessus de tous les autres, vers lequel toujours mon affection me ramenait de préférence; mais enfin d'autres se sont aussi rencontrés, qui me plaisaient plus ou moins, et avec lesquels j'aurais bien pu volontairement de temps en temps oublier le premier, certaine de conserver toute sa tendresse, grâce à son ignorance. — Et cette mienne histoire est encore celle de beaucoup de femmes : je le dis à l'acquit de mon amour-propre; honni soit qui mal y pense.

Il faut me résumer.

La jalousie n'est qu'un sentiment odieux d'égoïsme et de personnalité, qui ne préjuge rien en faveur de la constance, au contraire....

La fidélité n'a presque toujours reposé que sur la crainte ou l'impuissance de faire mieux ou autrement.

Et cela n'est que la conséquence rigoureuse de ce fait, de cette vérité, qu'il n'existe que des natures mobiles, inconstantes. — Car la mobilité est la condition du progrès, et je ne saurais concevoir d'autre immobilité, d'autre constance que celle de DIEU, seul éternellement et nécessairement immuable, parce que DIEU est tout ce qui EST, est le *progrès*, est la *vie*.

C'est par la proclamation de la *loi d'inconstance* que la femme sera affranchie ; mais seulement par-là.

L'union des sexes doit reposer sur les sympathies les plus larges, les mieux établies ; et, comme la vie se formule constamment sous les deux aspects d'*esprit* et de *matière*, il devra y avoir sympathie de l'*esprit avec l'esprit*, de la *matière avec la matière*, *essai plus ou moins long de l'un et de l'autre par l'un et l'autre*, cohabitation plus ou moins prolongée.

Les termes ainsi posés, le mystère ne devient-il pas nécessaire ? N'est-il pas une garantie indispensable de la liberté pour la femme ?

Que devient alors la triste condition de cette publicité, qui, aujourd'hui plus que jamais, pèse de tout son poids sur le monde moral ?

Ainsi donc, Mesdames, alors même que ce système devrait nous conduire à un grossier et dégoûtant pêle-mêle, il faut conclure, contre votre avis, que l'association reposera un jour sur une liberté sans limite, entourée de mystère.

Répétons avec M. James de Laurence :

— Que la femme garde pour elle-même les secrets de son cœur ; qu'elle ne se confesse qu'à Dieu seul ; alors le serpent lèvera la tête, sans faire de mal aux enfans de Dieu : alors le paradis se rétablira.

Je dois ajouter quelques observations.

La loi de constance, qui vint ouvrir les gynécées de la Grèce et de Rome, où les femmes languissaient par centaines pour le plaisir et le service d'un seul homme, en proclamant qu'un seul homme ne pouvait s'unir d'un lien religieux qu'à une seule femme, et réciproquement, fut, comme toute loi venue en son temps, bonne et utile ; car elle était l'expression d'un progrès, une voie plus large d'émancipation pour la femme. — A cette heure qu'elle est devenue stérile, en la répudiant, en la brisant comme un instrument inutile, nous lui éleverons une statue ainsi qu'aux grands hommes expirés la patrie reconnaissante.

J'ai dit qu'il ne peut exister qu'une nature mobile, inconstante : il faut prendre garde néanmoins que les organisations diverses de chaque individu étant plus ou moins développées, plus ou moins parfaites, elles seront plus ou moins mobiles, suivant une échelle infinie de variations ; de telle sorte que, si nous venons à rapprocher l'individu le plus développé de celui qui l'est le moins, nous les trouverons, l'un vis-à-vis de l'autre, dans un rapport marqué de constance et d'inconstance qui cesse bientôt, si, remontant tous les degrés intermédiaires de l'échelle, nous passons par toutes les nuances, par tous les points successifs de progrès.

Enfin il est une circonstance donnée, extrêmement rare, et presque impossible à rencontrer, où deux individus pourraient demeurer l'un relativement à l'autre, dans une position continue de constance , d'immobilité : celle où tous les deux , progressant également , demeureraient sans interruption dans un rapport toujours le même , toujours uniforme.

Il me semble qu'ici je devrais m'arrêter, après avoir traité sous ses principales faces la question de l'affranchissement de la femme. — Là ne se borne pas ma tâche : — et cette question en soulève une autre bien grave, à laquelle elle se lie intimement, et dont elle dépend : celle de la filiation, de la génération.

Je serai brève autant que possible.

Il existe encore un pouvoir monstrueux, espèce de droit divin, qui, au milieu de ruines fumantes de tant de pouvoirs détruits, le commandement à la bouche, se dresse imposant et sévère sur son antique piédestal, contre lequel les siècles sont venus heurter leurs flots sans l'abattre : — pouvoir sous lequel tous nous avons gémi de longues années, dure et fatale exploitation de l'homme par l'homme, sous laquelle nous nous sommes tous courbés.

Consacrée chez tous les peuples, par toute loi civile ou religieuse, la puissance paternelle, armée des foudres imaginaires de ses malédictions, est comme une arche sainte qui paralyse et dessèche toute main imprudente qui s'en approche. Je ne sais quelle froide et mystérieuse horreur s'attache aux pas de ceux qui osent attaquer le *géant* et lutter contre lui... Tout homme pour ceux là retrouvé un peu de haine et de mépris ; le monde élève autour d'eux une barrière de réprobation infranchissable et les rejette de son sein comme une chose immonde !

Et moi, qui veux à mon tour réclamer contre la légitimité, contre la sainteté de cette puissance paternelle, je viendrai peut-être me briser là, et je verrai mon nom proscrit, ma personne injuriée, ma mémoire flétrie !

Voyez pourtant ce que plus fort, plus puissant qu'une parole de femme, le temps a fait de cette autorité, lui qui détruit incessamment toute autorité. — Voyez comme il a, un à un, brisé tous les plus beaux fleurons du diadéme de cette autre royauté, lui qui n'a pas besoin de pavés pour broyer les royautés.

Abraham, fanatique et furieux illuminé, dresse un bûcher, prépare le feu du sacrifice, et *Dieu* sourit à l'infanticide et répand ses bénédictions sur sa tête !

Jephté, dans son triomphe, égorge sa fille, et Jephté est un homme selon *Dieu* !

Et l'écriture sainte inscrit au Panthéon dés Juifs les noms d'Abraham et de Jephté, éternise leur mémoire, et vingt peuples pillent à l'envie cette légende, la traduisent dans toute langue, et l'entourent de leur foi et de leur admiration !

Brutus, le farouche républicain, oublieux de sa longue stupidité, chasse les tyrans de sa Rome adorée, et sans frémir égorge ses enfans ! — Et l'histoire, dans ses plus belles pages, consacre de tels forfaits... et trente siècles écoulés, on endort notre enfance au récit de ces horreurs !

La loi romaine dépose le glaive aux mains de tout père, et, qu'il vende ou assassine ses fils, ne lui en demande pas de compte.

Abraham, Jephté, Brutus, vieux soldats romains, dormez votre sommeil de mort, car les temps sont bien changés : et si, rejetés à la vie des entrailles de la terre, vous alliez vous offrir à nos yeux, les mains encore rougies, quelques gendarmes viendraient vous arrêter, et M. le Procureur du roi, son réquisitoire à la main, demanderait justice contre vous pour le sang innocent et pur injustement versé.

Que la mesquine avarice de nos lois vous ferait rire de pitié, bourreaux sublimes ! — Nos lois qui, au despotisme du père le plus dur, accordent à grand'peine contre son fils quelques mois de prison !

Certes le changement est remarquable, le progrès immense. Autrefois tout père pouvait tuer ses enfans à plaisir, et voilà qu'à peine aujourd'hui peut-il les emprisonner pour quelques jours !..

Le temps continuera sa course immuable, éternelle, fécondante, et du pied frappera ce dernier fantôme, et son souffle renversera ce dernier servage.

En effet, voyez un peu sur quelle base est exhaussée l'autorité paternelle.

L'homme et la femme, obéissant à l'impérieuse volonté des sens, entraînés l'un vers l'autre par ce besoin de plaisirs auquel Dieu, toujours prévoyant et bon, attacha la conservation de notre race, se jettent aux bras l'un de l'autre, confondent leur vie dans un long embrassement, oublieux des conséquences naturelles et probables qui doivent surgir de cette union par un divin mystère impénétrable.

Les lois de la nature cependant reçoivent leur sanction, et la femme a conçu.

Vous maudissez alors bien souvent cette issue naturelle de vos plaisirs, qui vient à l'improviste déranger vos calculs d'égoïsme et d'ambition, interrompre le cours de vos voluptés.

Puis, force vous est enfin de vous soumettre aux décrets d'un vouloir plus puissant que le vôtre, contre les actes duquel la lutte vous est impossible ; — et les neuf mois révolus, vous recevez dans vos bras cette faible créature, chargée dès le ventre de sa mère de votre haine et de votre injuste courroux ; elle qui n'avait pas demandé l'être !

Bientôt dans vos mains ce nouvel individu social, débile et

impuissant encore , se transforme au gré de vos caprices en un jouet dont vous réglez les mouvemens à ceux de votre pendule; vous encouragez de vos ris, de vos caresses , les moindres niaiseries de cette imagination flexible qui compose tous ses actes à l'air de votre visage , au plissement de votre front ; vous vous extasiez, vous vous pâmez d'aise et de contentement , vous vous récriez à chacune des prétendues gentilleses qui échappent à l'*enfant*. — L'enfant grandit et développe incessamment son corps et son esprit ; il continue les jeux que vous encouragiez de vos caresses et de vos approbations ; mais le prisme est brisé, la satiété remplit votre âme , le dégoût et l'ennui succèdent à l'enthousiasme, remplacent l'admiration... et un jour, le fouet à la main, vous inculquez à ses membres meurtris une première leçon d'injustice et de savoir vivre , que vous renouvellerez souvent.

Dès ce jour, plus de repos , plus de joie pour lui : vous lui avez assigné une case dans le vaste échiquier du monde , sans vous inquiéter si le développement de son organisation lui permettra de la remplir : — vous le pétrissez , vous le meurtrissez , vous l'étendez ou vous le mutilez , suivant qu'il est à la convenance de vos projets ; et, après de longues années, au monstre hideux qui s'échappe de vos mains , vous demandez reconnaissance des dons que vous lui avez faits ; vous le poursuivez encore de vos exigences insatiables ; vous le forcez à vous rendre un culte d'amour et de vénération ; et lorsqu'enfin, à votre heure d'agonie, il peut reprendre haleine, et cherche à redresser ses membres déformés , sa tête inclinée , il l'essaie en vain : ses membres et sa tête garderont le pli, et sa nature rachitique porte à jamais un germe de destruction.

Ah ! c'est appuyée sur un immense faisceau de poignards parricides , qu'au milieu des gémissemens soulevés de tant de poitrines , au seul nom de père et de mère , je m'aventure à élever la voix pour la loi de liberté, d'affranchissement, contre la loi du sang, la loi de génération !

Plus d'esclavage, plus d'exploitation, plus de tutèle ! Emancipation pour tous, pour les esclaves, les prolétaires, les minèurs, grands et petits !

Màis prenez-y garde, il faudrait que ce pouvoir de la paternité contre lequel je réclame, put au moins se couvrir de quelque apparence de raison, de légitimité, que ce droit reposât sur quelque chose.

Or, voici que déjà toute certitude, toute présomption de paternité, vient se briser contre ma théorie de l'essai, du mystère, — certitude, présomption également douteuses aujourd'hui.

M. James de Laurence, qui ne reconnaît infaillible que la ligne de génération de mère en fille, et qui en dérive tout son système, M. James de Laurence a très-bien saisi ce fait, et l'a développé avec concision et clarté.

Dans l'impuissance de mieux dire, ou autrement que lui, je le laisse parler :

« Ce titre de père ne peut être véritablement attribué qu'à
» *Dieu* ; car quoique chacun sache qu'il a un père, personne
» ne peut savoir avec exactitude quel fut son père.

« Quel couple peut dire : *Nous allons faire un enfant* ? Quel
» couple peut dire : *Nous venons de faire un enfant*. Le succès
» de leur opération doit rester quelque temps incertain. Une
» mère qui a plusieurs amans, peut soupçonner, mais ne peut
» démontrer quel est le père de son enfant ; néanmoins elle
» ne peut en donner la preuve.

» Qu'un couple ait eu plusieurs rencontres, la mère elle-même
» peut-elle savoir de laquelle son enfant procède? Un enfant
» ne se fait pas comme une statue à laquelle l'artiste travaille
» tantôt à une main, tantôt à un pied.

» Dès qu'on ne fait pas les enfans à volonté , leur conception
» peut être attribuée par les *sceptiques* au hasard , et par les
» *dévots* à la providence.

» Il est plus raisonnable de prétendre que tous les enfans
» sont faits par *Dieu* , que de dire que tous les mariés sont liés
» par *Dieu* .

» Que les filles cloîtrées ne s'estiment plus les épouses du
» seigneur, mais qu'on honore les femmes enceintes comme
» les favorites de Dieu ! C'est qu'au moment où elles conçoivent,
» Dieu est présent en elles , comme dans l'hostie consacrée
» par le prêtre ; et ce mystère bienfaisant doit garantir l'indé-
» pendance des femmes contre les prétentions des hommes.

» Jusqu'ici nous avons appelé le mariage saint, nous appel-
» lerons la conception divine : celle qui est enceinte est rem-
» plie du saint esprit. . . . .
» . . . .

» Tout ce qui est, est miraculeux. . . . . La conception de
» toutes les mères est un mystère. . . La conception de toutes
» les mères est immaculée. . . Quelle souillure peut s'attacher
» aux opérations de la nature ? Maintenir le contraire serait
» un blasphème, appeler Jésus fils unique de Dieu, c'est dés-
» hériter toute l'espèce humaine. . . »

Il faut nous arrêter , que pourrions-nous ajouter après cela ?
Je ne vois plus désormais qu'une objection sérieuse à combattre,
celles que pourraient élever les partisans nombreux de la propriété , qui viendront me reprocher de venir briser l'ancienne
loi d'héritage , l'ordre immuable de succession de père en fils,
perpétué jusqu'à nous de génération en génération.

A ce vieux mode d'hérédité, M. James de Laurence propose
de substituer l'hérédité de mère en fille, la succession ombi-
licale.

Pour nous , qui croyons, qui proclamons avec tant d'autres que la propriété cessera d'exister, que l'héritage disparaîtra, parce que la propriété, l'héritage sont un privilége de la naissance, et que tous les priviléges de la naissance doivent être abolis, sans exception.

Pour nous qui réclamons le classement suivant la capacité, et la capacité suivant les œuvres ;

Pour nous qui, partout, dans tous les hommes, ne voyons que des fonctionnaires auxquels on succède et qu'on remplace, mais dont on n'hérite pas ;

Pour nous l'objection tombe d'elle-même et demeure sans valeur.

A ceux qui prétendraient qu'abolir l'héritage c'est détruire la société, je répondrais que la société, depuis des siècles s'épuise, attachée, sans reprendre haleine, à cette œuvre de destruction; qu'elle a poursuivi l'héritage de position en position, lui enlevant successivement toutes ses prérogatives; qu'aujourd'hui la propriété, réduite à sa plus simple expression se retranche vainement derrière les rangs nombreux de garde nationale, à l'abri d'un rempart de lois et d'ordonnances. Déja la décomposition l'atteint, déjà le mot d'impôt progressif tinte comme un glas funèbre aux oreilles du propriétaire oisif et effaré.

Autrefois l'homme était l'esclave, la propriété, la chose de l'homme, transmissible par voie d'hérédité. — Qu'est devenu l'esclavage, cette grande propriété? Détruit, anéanti. . . . et pourtant la société subsiste toujours plus belle, plus grande, plus parfaite.

Qu'est devenue l'hérédité du fief couvert de vassaux chargés de dîmes et de redevances? — La société s'est-elle donc ensevelie sous cette ruine, du moyen âge.

Qu'est devenue même l'hérédité du titre qui conférait des droits et des priviléges ? — La terre a-t-elle tremblé sur ses pôles, lorsque deux ou trois privilégiés vinrent les premiers brûler leurs parchemins et leurs chartes sur l'autel de la patrie, au milieu de l'assemblée nationale.

Je sais qu'une révolution ne s'opère pas en un jour, brusquement, à l'improviste ; je comprends que des précautions sont nécessaires pour amener ces changemens et que la société ne se transformera que peu à peu, par une transition insensible et ménagée.

Quant à indiquer ce que sont ou pourront être ces précautions, ces transitions, ce n'est point là mon œuvre, ma mission : — ici du moins.

Ainsi donc :

Plus de paternité toujours douteuse et impossible à démontrer ;

Plus de propriété, plus d'héritage ;

Classement suivant la capacité, rétribution suivant les œuvres.

Par conséquent :

Plus de maternité, plus de loi du sang.

Je dis plus de maternité :

En effet la femme délivrée affranchie du joug de la tutèle, de la protection de l'homme dont elle ne recevra plus ni nourriture ni salaire, de l'homme qui ne lui paiera plus le prix de son corps ; — la femme ne tiendra son existence, sa position sociale que de sa capacité et de ses œuvres.

Pour cela donc il faut bien que la femme fasse une œuvre, remplissse une fonction ; — et comment le pourrait-elle, si toujours elle est condamnée à absorber une partie plus ou moins longue de sa vie dans les soins que réclame l'éducation d'un ou plusieurs enfans ? Ou la fonction sera negligée , mal remplie, ou l'enfant mal élevé, privé des soins que réclament sa faiblesse, sa longue croissance.

Vous voulez affranchir la *femme*! Eh! bien, du sein de la *mère du sang*, portez le nouveau-né aux bras de la mère *sociale* de la *nourrice* fonctionnaire, et l'enfant sera mieux élevé ; car il le sera par celle qui a capacité d'élever , de développer , de comprendre l'enfance ; et toute femme pourra se classer suivant sa *capacité* , recevoir rétribution de ses œuvres.

Alors, seulement alors, l'homme, la femme, l'enfant, seront tous affranchis de la loi de sang de l'exploitation de l'humanité par l'humanité !

Alors chacune et chacun , toutes et tous seront les filles et fils de leurs œuvres et seulement de leurs œuvres

APPEL

D'UNE FEMME

AU PEUPLE

SUR L'AFFRANCHISSEMENT

DE LA FEMME,

PAR LE MÊME AUTEUR.

CE

PREMIER

ÉCRIT D'UNE FEMME

N'EST QU'UN GANT JETÉ DANS

L'ARÈNE, MAIS IL RESTE PLUS D'UNE FLÈCHE

AU CARQUOIS

DE L'AUTEUR

AFIN DE DÉFENDRE LA VÉRITÉ

DE SON PREMIER

ÉCRIT.

APPEL D'UNE FEMME

AU PEUPLE

SUR L'AFFRANCHISSEMENT DE LA FEMME.

Je veux parler au peuple, au peuple, entendez-vous ? c'est-à-dire aux *femmes* comme aux *hommes,* car il est assez d'usage qu'on oublie de mentionner les femmes même alors qu'on parle du peuple, du peuple dont elles composent la plus grande partie, du peuple dont elles soignent l'enfance et consolent la vieillesse après avoir toutefois servi de jouet et de pâture à sa puberté turbulente ou glaciale, mais rarement ennoblissante et organisatrice.

Hommes de sciences vastes, de prévoyance incommensurable, dites, qu'avez-vous fait pour elles; pour elles que vous aimez encore, mais sournoisement, lubriquement, et d'une manière indigne d'hommes qui accorderaient quelque gloire à l'amour? Vous n'en avez pas ouvert la bouche; je me trompe : vous avez écrit dans votre Code civil, *la femme doit obéissance à son mari.*

Est-ce qu'il est reconnu légal parmi vous, quand vous passez un bail, un contrat, que l'une des parties impose des clauses à l'autre, et que cette dernière n'ait pas le droit d'en discuter les conditions? mais non : cela serait absurde , et les serfs de Russie riraient au nez d'un Français , s'il osait se déclarer d'un pays libre et où de semblables choses seraient tolérées.

Cependant, voyez s'il en est autrement pour les femmes ? Les marie-t-on? on leur applique l'article du Code civil ; ont-elles assisté à sa rédaction? le Code est-il bien dans leurs goûts, leur nature? on s'en inquiète peu , mais on les contraint d'y obéir.

Vous dites : Aux termes de la loi l'officier municipal pose toujours cette question à la femme qu'il marie : *Acceptez-vous, oui ou non*?

En vérité, croirait-on, lorsqu'on entend une semblable formule , qu'il s'agit du lien le plus sacré , le plus important de la vie des individus ? ne penserait-on pas plutôt entendre un usurier dire à son client alors que celui-ci n'a plus espoir de vivre si on lui refuse de l'argent: « Monsieur, cent pour cent ; c'est à prendre ou laisser. »

Pitié de lois faites ainsi ! pitié des hommes qui osent les appliquer et des femmes qui ne rougissent pas de s'y soumettre !

L'individu social ce n'est pas l'homme seulement ni la femme seulement, l'individu social complet, c'est l'homme et la femme, dont nous sommes les *mères* , les *sœurs* et les *épouses,* mais dont nous ne voulons plus être les très-humbles servantes , car nous sentons clairement que nous sommes nées libres comme l'homme. Nos droits , enlevés par la justice brutale , le glaive, nous voulons les ressaisir par la justice-femme , c'est-à-dire par la persuasion et l'amour , l'amour qui apprendra de nous à n'être plus une faiblesse ou une débauche, mais à être digne de l'homme et de la femme , exaltant en lui et avec lui, *sagesse , force* et *beauté*; car, ces trois aspects forment le nouvel amour, qui doit embrasser le monde; l'amour, qui est la vie; la vie , qui est Dieu ; Dieu, qui est l'amour universel; trinité sainte que nous broderons un jour sur notre drapeau , drapeau qui pourra se promener no-nseulement depuis les Pyrénées jusqu'à la Baltique, mais bien faire le tour du monde sans sortir de chez lui.

Législateurs, hommes d'état, députés, avez-vous pensé que nous vous laisserions disposer de la vie de nos enfans sans jamais prendre la parole pour vous en demander compte ?

Avez-vous pensé que pour faire la guerre vous auriez le droit de nous enlever pères, frères et amans, et que nous nous contenterions de pleurer comme par le passé, et de vous faire des cocardes ou de la charpie ? non, non, vous vous êtes trompés !

Dieu n'a pu permettre que les hommes s'entredéchirent éternellement pour quelques lambeaux de territoire ou de Charte, sans que les femmes ne puissent réclamer le droit d'y mettre fin. Ce ne sont pas seulement des curatifs que nous demandons, nous voulons aussi des préservatifs contre le retour de pareils maux, nous voulons une législation telle qu'une moitié de la société cesse d'être en lutte avec l'autre, et que conséquemment la société ne soit plus réduite par son état de souffrance à se ronger elle-même, car, malgré votre quiétude affectée sur ce que vous appelez dans votre superbe langage de maîtres *nos criailleries féminines*, vous ne pouvez vous dissimuler que vos plus poignantes angoisses ne sont pas celles que vous font éprouver tel ou tel mouvement d'un peuple remuant, mais bien plutôt l'humeur épineuse de celle dont vous êtes le seigneur et maître de par *la loi.* Vous ne pouvez nier la puissance de la femme, puisque sa puissance vous rend, même à votre insu, bons ou mauvais, braves ou lâches, loyaux ou immoraux, généreux ou ladres, heureux ou malheureux; elle a des armes qui sont propres à sa faiblesse : elle *minaude, agace, ruse, ment, et ment effrontément,* car le meusonge est l'arme familière de l'esclave, arme d'autant plus envenimée qu'on la trempe dans la haine et qu'on l'aiguise dans l'ombre.

La révolution dans les mœurs conjugales ne se fait pas à l'encoignure des rues ou sur la place publique pendant trois jours d'un beau soleil, mais elle se fait à toute heure, en tout lieu, dans les loges des Bouffes, dans les cercles d'hiver, dans les promenades d'été, dans les longues nuits qui s'écoulent insipides et froides comme on en compte tant et tant sous l'alcove maritale; cette révolution-là mine et mine sans relâche le grand édifice élevé au profit du plus fort, et le fait crouler, à petit bruit et grain à grain comme une montagne de sable, afin qu'un jour, le terrain mieux nivelé, le faible comme le fort puisse marcher de plein-pied et réclamer avec la même facilité la somme de bonheur que tout être social a le droit de demander à la société.

Ce sont douleurs et combats que les hommes aussi bien que les femmes doivent s'empresser de faire disparaître pour le bien de tous.

Mais pour cela que faut-il? il faut, puisqu'un couple se compose nécessairement d'un homme et d'une femme, il faut autant pour l'un que pour l'autre que la liberté succède a l'exigence, la confiance à la défiance, l'amour libre à l'esclavage, la lumière à l'obscurité; il faut vanner et revanner toutes nos vieilles lois jusqu'à ce qu'il n'y ait plus d'ivraie; il faut lessiver et étendre les nouvelles, toujours avec le concours de la femme, de la femme qui veut et qui sera désormais en *droit* dans la société comme elle y est en *fait*.

Arrière donc vos Codes et vos Chartes, où l'on trouve des flétrissures pour toutes les fautes, mais où l'on ne rencontre pas une récompense pour la vertu! vos Chartes où l'on déclare les hommes égaux devant la loi, quand parmi ces mêmes hommes le petit nombre accumule dans l'oisiveté toute la masse de richesses et de bonheur arrachée par l'autre des entrailles de la terre ou des combinaisons du cerveau, par l'autre qui meurt de faim en travaillant pour le riche qui papillonne à rien faire, et si vos lois sont fausses pour les hommes, à combien de titres ne le sont-elles pas pour les femmes, pour les femmes que vous tenez en servage, pour les femmes que vous expulsez de toute direction politique, et que vous conservez dans l'intérieur de votre ménage comme ces chevaux de parade qu'on pare et qu'on harnache pour les jours de fêtes, mais qui, frêles et peu faits pour les travaux importans, sont relégués dans l'écurie le reste de l'année; qu'on soigne et fait respecter parce que l'on aime à soigner et à respecter ce qui nous appartient; pour les femmes enfin que les républicains comme les anti-libéraux n'ont pas su mettre à leur véritable place, car ils ont dressé et ils prêchent chaque jour une déclaration des droits de l'homme où certes la femme a droit d'intervenir, puisque c'est la base de la constitution de toute une société nouvelle, une société qui demande la liberté pour tous; les sociétés et les couples se composent irrévocablement d'hommes et de femmes, et non pas, comme je l'ai déjà dit, d'hommes seulement et de femmes seulement.

Avis aux véritables ennemis de l'exploitation tyrannique exercée au profit des hommes sur les femmes. Les vrais républicains sont ceux qui ne veulent l'oppression d'aucun membre de la Société; il est nécessaire, indispensable, sacré, de faire assister les femmes à la rédaction de toute loi; il est indispensable et sacré de ne pas considérer leur faiblesse comme un obstacle à ce sujet, mais à la considérer bien plutôt comme une preuve que toute loi concernant *la femme*, qui sera faite et pesée par des hommes, sera toujours ou trop lourde ou trop abusive, par cela même que les femmes seules peuvent bien comprendre ce dont les femmes ont véritablement besoin.

Je n'ignore pas que ce droit que je réclame pour les femmes sera traité par vous comme une chose ridicule, absurde; habitués comme vous l'êtes à ne considérer la femme que comme un être plein de faiblesse, né pour la soumission et l'esclavage, vous ne pouvez vous familiariser avec l'idée anti-chrétienne qu'une femme devra discuter une loi qui lui imposera des devoirs ; vous ne pouvez examiner sérieusement cette prétention de la femme sans la traiter de forfanterie, de monstruosité même ; mais sans vous jeter au nez des élégies boursouflées, je dois cependant vous faire examiner que c'est à ce privilége, pris exclusivement par l'homme , de sanctionner seul les lois ; que la société doit la plus grande partie de ses maux , maux qui prennent naissance dans l'ignorance où les femmes sont élevées , et qui se propagent par l'abus que vous faites envers elles de votre supériorité de tactique, de force et de savoir ; votre tactique qui trompe et séduit , votre force qui l'effraie , la corrompt , et votre savoir qui l'abat et la condamne à une injuste et honteuse subalternité.

Pour la gloire et le bonheur de l'humanité , nous devons employer toute notre puissance à corriger et faire disparaître un pareil état de choses ; l'*adultère* est partout : il marche de front avec la *prostitution* ; dites, dites-moi où vous ne les rencontrez pas ! les rues , les carrefours , la mansarde et le salon , le théâtre et la littérature, ils fourmillent partout , partout ils commencent comme on a toujours vu commencer les drames, c'est-à-dire séduisans, coquets, étalant leurs caractères et leurs oripeaux , comme des acteurs aux premières scènes d'une tragédie ; puis passionnés, intrigués , et toujours effrontés comme des acteurs dans le nœud de la représentation, puis enfin haillonneux, sanglans, traînant avec eux le dégoût, le crime, le remords , péripétie du drame , tableau à grand spectacle qui ne produit plus d'effet sur la foule, parce que dans le monde comme au théâtre, on est rebattu de suicide, de coups de couteau , de prison et de guillotine.

Que, faites-vous pour que la femme échappe à la faiblesse que vous lui reprochez, à cette passion dont vous lui faites

un crime? riche, on la met dans un pensionnat : qu'apprend-
elle là qui lui fasse connaître le monde! on voudrait lui laisser
ignorer jusqu'à la forme d'un homme, et la danse, la brode-
rie, le dessin des fleurs, la lecture des fables, voilà de quoi
se compose toute son éducation.

Sortie de là va-t-elle dans le monde? est-elle à même de connaître toute la fausseté du langage de l'homme, toute la corrup-
tion de son esprit, qu'il habille de métaphores plus ou moins in-
génieuses, toute la putréfaction de son corps, qu'il déguise sous
une enveloppe de draps ou de tissus empesés ? aucunement : elle
reste dans la maison paternelle; là on l'occupe à faire ses robes,
marquer du linge, on lui apprend à rire méthodiquement; enfin tout en elle est méthode, contrainte, mensonge, dissimu-
lation.

Puis vient le temps du mariage; elle a donc de l'amour pour
quelqu'un ? du tout, ou du moins on s'en inquiète peu ; elle est
en âge d'être mariée et cela suffit ; à force de fouilles et de per
quisitions dans les connaissances de la famille, on a trouvé
l'homme qu'il lui faut, c'est-à-dire un honnête homme, ayant
une famille et un certificat de vie et mœurs recommandables ;
on le lui amène; est-il stupide ou spirituel, bon ou méchant,
joli ou laid? ce sont des objets de détail dont on parle à
peine ; un homme est toujours assez beau, c'est proverbial; tout le
monde le dit, excepté celles qu'on marie, mais à cela près....

Voilà donc cette fille jetée dans les bras d'un étranger,
comme, ou à peu près comme un fardeau importun; la voilà
contrainte de donner, si ce n'est son amour, du moins ses caresses, à un individu qu'elle ne peut pas aimer, un individu
qui l'a prise pour femme, parce qu'elle était belle ou bien,
qu'il voulait devenir riche; voilà ce qui peut s'appeler de la
prostitution *de par la loi*

Eh ! que cette femme soit d'une nature ardente et passionnée, une de ces natures que le mariage et son atmosphère de plomb étouffe et fait périr en langueur, et que devant cette femme jeune et ignorante, malade, apparaisse un homme à l'allure tant soit peu sentimentale, qui, fausse ou vraie, sache montrer de la passion pour elle, femme crédule et confiante dont le cœur est sevré de bonheur, pour elle malheureuse femme a qui l'on a fait prêter serment de fidélité éternelle, serment qu'elle n'a compris qu'alors qu'il ne lui était plus permis de le refuser, que devant cette femme apparaisse un homme avantagé de quelque sensibilité hardie et d'un vernis de mystère, et voilà de l'adultère *de par la loi.*

Mais ce n'est là que la fille du riche. Et la fille du peuple, ô la fille du peuple, écoutez? elle a huit ans, dix ans, je suppose; va-t-elle à l'école? oui, quelquefois à l'école des Sœurs de la Charité, où elle apprend des prières et des cantiques qu'elle ne comprend pas; sortie de là, va-t-elle en apprentissage? oui et non, c'est-à-dire on la met chez une couturière, une blanchisseuse, n'importe, où elle fait des commissions et promène les enfans de sa maîtresse; puis, plus âgée, elle devient ouvrière: elle gagne, en travaillant depuis sept heures du matin jusqu'a neuf heures du soir, elle gagne quinze sous par jour, vous dites à cela: « Une femme gagne toujours assez pour se soutenir; elle dépense si peu! » et en cela vous avez raison; elle va aux fêtes; vous la conduisez bien entendu: est-ce que l'esclave doit marcher sans son maître? elle va aux fêtes; vous payez pour elle; dans un théâtre, à la promenade, partout enfin, vous payez pour elle, et vous avez raison quand vous dites: « Une femme gagne toujours assez de quoi se soutenir; *ça dépense si peu!* » Ne pourrait-on pas comparer ce droit d'entrée, payé par vous pour la femme en mille et une circonstances, à cet autre droit moins noble, il est vrai, mais aussi légitime, payé dans les bureaux de l'octroi?-En effet, ce ne sont pas les moutons qui paient le droit de passage, en valeur monnayée s'entend, mais en réalité, ce sont bien eux qui paient l'octroi et le boucher, et par leur liberté et par leur existence tout entière : équilibrez les comparaisons et dites-moi si j'ai tout-à-fait tort.

Mais de qui vous ai-je parlé? de qui? hélas vous l'avez vu de la fille du riche et de la fille du pauvre ; je vous ai montré le résumé sommaire de leur existence factice, car, croyez-le bien, l'état d'esclavage et de sacrifice n'est pas plus l'état normal de la femme que de l'homme, et un jour viendra sans doute où tous les deux en seront délivrés ; mais pour Dieu ! hâtons-nous ! déblayons le terrain et de ses ronces et de sa fange !

Liberté pour tous, unité de volonté, unité d'amour, unité d'action, l'unité c'est la clé de voûte de tout édifice durable : mais, je le répète, hâtons-nous !

N'avez-vous donc jamais réfléchi à ces malheureuses femmes que la misère ou l'amour de la liberté a jetées dans les bras de tout le monde? ces malheureuses que l'éclat a séduites tout d'abord, et qui ont troqué leur caresses contre quelque parcelles de richesses, ces malheureuses qui déchues de leur première fraîcheur et restées sans appui sur le pavé glissant de la prostitution, passent si rapidement de la lettre-de change aux napoléons, des napoléons aux petits écus, des petits écus aux sous vert-de-grisés du portefaix en ribotte.

N'avez-vous jamais réfléchi au sort de ces malheureuses qui, pour la plupart, naissent au puisart insalubre de la Bourbe, et vont mourir dans la citerne immonde et fétide de la Salpétrière, après avoir passé par tous les égoûts de la débauche et de la misère? heureuses si elles ne se détournent pas de ce triste sentier pour aller jeter leur corps couvert des taches et des plaies honteuses de l'immoralité du monde sur les cadavres mutilés du cimetière de Clamar !

Tous vous avez gémi   oh! je n'en pourrais douter sans vous offenser indignement; eh bien donc, je vous le répète, hâtez-vous, hâtez-vous ! peuple, ta femme, ta fille est en butte aux séductions de celui qui possède, car elle ne possède pas, et Dieu l'a fait naître avec des désirs.

Peuple, tu ne seras véritablement libre, véritablement grand, que le jour où la moitié de ta vie, ta mère, ton épouse et ta fille, seront, elles aussi, affranchies de l'exploitation qui pèse sur leur sexe. Peuple, Dieu a fait l'homme le plus fort, mais ce ne peut pas être pour opprimer la femme, qui est sa créature aussi bien que toi; peuple, si Dieu t'a donné la force et l'énergie, il a donné à la femme la grâce et la persuasion; peuple, ta force doit la protéger, la soutenir contre toute exploitation.

Femmes, votre grâce, votre amour doit récompenser, adoucir et glorifier l'homme ; l'amour de plus en plus tend a s'introniser; non plus l'amour de l'esclave pour le maître, ou du maître pour l'esclave, mais l'amour libre et digne, d'égal à égal. Je le répète encore, l'heure est sonnée; il faut que la femme prenne enfin son droit de possession, son droit d'élection, son droit d'adhésion libre et spontanée, non-seulement dans le gouvernement de la famille, mais dans le gouvernement de la cité et du royaume; il le faut, vous dis-je; c'est à la femme, c'est-à-dire aux femmes à crever le papier brouillard derrière lequel apparaît votre fantasmagorie parlementaire; c'est aux femmes à couper le fil doré de vos marionnettes diplomatiques :

Car « la révolution dans les mœurs conjugales ne se fait pas
» à l'encoignure des rues ou sur la place publique, pendant
» trois jours d'un beau soleil, mais elle se fait à toute heure,
» en tout lieu, dans les loges des Bouffes, dans les cercles
» d'hiver, dans les promenades d'été, dans les longues nuits
» qui s'écoulent insipides et froides, comme on en compte tant

» et tant sous l'alcove maritale ; cette révolution-là mine et
» mine sans relâche le grand édifice élevé au profit du plus fort
» et le fait crouler à petit bruit et grain à grain, comme une
» montagne de sable, afin qu'un jour, le terrain mieux nivelé,
» le faible comme le fort puisse marcher de plein-pied et ré-
» clamer avec la même facilité la somme de bonheur que tout
» être social a le droit de demander à la société. »

www.ingramcontent.com/pod-product-compliance
Lightning Source LLC
LaVergne TN
LVHW091436210726
843527LV00034B/524